First Polish Reader for Students

Wiktor Kopernikus

First Polish Reader for Students
Bilingual for Speakers of English
Level A1 and A2

LANGUAGE
PRACTICE
PUBLISHING

First Polish Reader for Students

by Wiktor Kopernikus

Audio tracks www.lppbooks.com/Polish/FPRS/En

Homepage www.audiolego.com

First edition

Series title: Graded Polish Readers, Volume 10

Design: Audiolego Design

Copyright © 2016 2019 Language Practice Publishing

Copyright © 2016 2019 Audiolego

This book is in copyright. Subject to statutory exception and to the provisions of relevant collective licensing agreements, no reproduction of any part may take place without the written permission of Language Practice Publishing.

Spis treści
Table of contents

How to control the playing speed 7

Polski alphabet 8

Rozdział 1 Kuchnia 9

Rozdział 2 Gdzie jest jadalnia? 15

Rozdział 3 Sala 20

Rozdział 4 Łazienka 24

Rozdział 5 Czy umiesz mówić po niemiecku albo hiszpańsku? 27

Rozdział 6 Czy możesz mi pomóc? 32

Rozdział 7 Jak masz na imię? 38

Rozdział 8 Droga do uniwersytetu 44

Rozdział 9 Lubię chodzić do kina 49

Rozdział 10 Jack chce zostać prawnikiem 55

Rozdział 11 Jack jest chory 63

Rozdział 12 Jack chce znaleźć sobie nowe mieszkanie 69

Rozdział 13 W sklepie 77

Rozdział 14 Dzisiaj mam cztery lekcje 84

Rozdział 15 Jack chce znaleźć pracę na część etatu 92

Słownik polsko-angielski 97

Słownik angielsko-polski 108

Appendix 1 Cases of singular nouns and adjectives 118

Appendix 2 Demonstrative pronoun Ten – this 119

Appendix 3 Cases of plural nouns and adjectives 119

Appendix 4 Demonstrative pronoun Tamten – that 120

Appendix 5 Past Tense 120

Appendix 6 Prefixed verbs of motion 121

Appendix 7 Conjugated Verbs 122

Appendix 8 Personal pronouns 123

Appendix 9 Possessive pronouns 123

Appendix 10 The 3rd person possessive pronouns 125

Appendix 11 Personal reflexive pronoun Się, Siebie (-self) 125

Appendix 12 Reflexive possessive pronoun Swój 125

Appendix 13 Pronoun Sam 125

Appendix 14 Pronouns Każdy, Wszyscy 126

Appendix 15 Common adjectives (Masc. Sing.) 126

Recommended reading 128

How to control the playing speed

The book is equipped with the audio tracks. The address of the home page of the book on the Internet, where audio files are available for listening and downloading, is listed at the beginning of the book on the bibliographic description page before the copyright notice.

We recommend using free **VLC media player** to control the playing speed. You can control the playing speed by decreasing or increasing the speed value on the button of the VLC media player's interface.

Android users: After installing VLC media player, click an audio track at the top of a chapter or on the home page of the book if you read a paper book. When prompted choose "Open with VLC". If you experience difficulties opening audio tracks with VLC, change default app for music player. Go to Settings→Apps, choose VLC and click "Open by default" or "Set default".

Kindle Fire users: After installing VLC media player, click an audio track at the top of a chapter or on the home page of the book if you read a paper book. Complete action using →VLC.

iOS users: After installing VLC media player, copy the link to an audio track at the top of a chapter or on the home page of the book if you read a paper book. Paste it into Downloads section of VLC media player. After the download is complete, go to All Files section and start the downloaded audio track.

Windows users: After installing VLC media player, right-click an audio track at the top of a chapter or on the home page of the book if you read a paper book. Choose "Open with→VLC media player".

MacOS users: After installing VLC media player, right-click an audio track at the top of a chapter or on the home page of the book if you read a paper book, then download it. Right-click the downloaded audio track and choose "Get info". Then in the "Open with" section choose VLC media player. You can enable "Change all" to apply this change to all audio tracks.

Polski alphabet

Polish alphabet

The Polish Alphabet contains 32 letters. Specific to the Polish language are the letters: ą, ć, ę, ł, ń, ó, ś, ź, ż.

A	a	like a in *Madrid*	M	m	like m in *meet*
Ą	ą	nasal a, like *cha**n**son* (French)	N	n	like n in *need*
B	b	like b in *big*	Ń	ń	like ñ in *señor* (Spanish)
C	c	like ts in *cats*	O	o	like o in *rock*
Ć	ć	like ts in *pots*	Ó	ó	like oo in *book*
D	d	like d in *do*	P	p	like p in *pour*
E	e	like e in *devil*	R	r	like r in *korrida* (Spanish)
Ę	ę	nasal e, like in *engineer*	S	s	like s in *seed*
F	f	like f in *fit*	Ś	ś	like ch in *ich* - [ɕ] (German)
G	g	like g in *begin*	T	t	like t in *tip*
H	h	like h in *hamburger*	U	u	like oo in *school*
I	i	like e in *bee*, ea in *eagle*	W	w	like v in *vaseline*
J	j	like u in *duty*	Y	y	like i in *disc*
K	k	like c and k in *coke*	Ź	ź	soft z
L	l	like l in *love*	Ż	ż	similar to s in *pleasure* - [z]
Ł	ł	like w in *water*	Z	z	like z in *zoo*

Dwuznaki (double-marks, diagraphs)

CH, CZ, RZ, SZ, DZ, DŻ, DŹ are pronounced as a single letter:

CH - sounds like h in *heat*

CZ - sounds like ch in *chocolate*

RZ - sounds like Polish Ż

SZ - sounds like sh in *bush*

DZ - sounds like ds in *reads*

DŻ - sounds like g in German

DŹ - sounds like dzi (before vowel), /d͡ʑ/

1

Kuchnia
The kitchen

A

Słówka

1. albo, lub - or
2. biały - white
3. biegać - to run
4. blender - blender
5. brudny - dirty
6. chcieć - to want
7. co - what
8. czajnik - teapot
9. czerwony - red
10. czysty - clean
11. dach - roof
12. deptać - to trample
13. dla - for
14. dom - house
15. drewniany, z drewna - wooden
16. drzwi - door

17. duży - big
18. ekspres do kawy - coffeemaker
19. gazowy - gas (adj.)
20. gdzie - where
21. i - and
22. jasny - light (adj.)
23. jest - there is, there are
24. kąt - corner
25. koło, obok, przy - near
26. korytarz, przedpokój - hall
27. kot - cat
28. krzesło - chair
29. kubek, filiżanka - cup
30. kuchenka - stove
31. kuchenny - kitchen (adj.)
32. kuchnia - kitchen
33. kura, kurczak - chicken
34. kwiat - flower
35. lodówka - refrigerator
36. łyżka, łyżeczka - spoon
37. mały - small
38. metalowy, z metalu - metal (adj.)
39. miasto - city
40. mikser - mixer
41. morze - sea
42. my - we
43. mycie - washing
44. na - on
45. naczynia - dishes
46. nad - on top of, over, above
47. naprzeciwko - across from
48. nie; nie ma - no; there isn't, there aren't
49. nowy - new
50. obraz(ek) - picture
51. obrus - tablecloth
52. ogród - garden
53. okno - window
54. okrągły - round
55. on / ona / ono - he / she / it
56. pić - to drink
57. piękny, ładny - pretty, beautiful
58. pies - dog
59. po lewej (stronie) - on the left
60. po prawej (stronie) - on the right
61. przestronny - spacious
62. przytulny - cozy, comfortable
63. regał - bookcase
64. ryba - fish
65. ściana - wall
66. serwetka - napkin
67. stać - to stand
68. staranny - careful
69. stary - old
70. statek - ship
71. stół - table
72. sufit - ceiling
73. suszarka - drier
74. szafa - cupboard
75. szafka - wardrobe

76. szary - gray
77. szklanka - glass
78. szklany, ze szkła - glass (adj.)
79. tak - yes
80. talerz - plate
81. też, także - also, too
82. to - this
83. toster - toaster
84. uchwyt, rączka - handle
85. ukraść - to steal
86. ulica - street
87. w - in
88. w domu - at home
89. wchodzić - to go into
90. widelec - fork
91. wisieć - to hang
92. woda - water
93. wygodny - comfortable
94. z - from, out of, with
95. za - behind, for
96. zielony - green
97. zlew - sink
98. znajdować się - to be (located)
99. żółty - yellow
100. żyrandol - chandelier

B

To jest miasto. Ono jest duże i piękne. Znajduje się nad morzem.

To jest ulica. Ona znajduje się w mieście. Ulica jest duża i czysta.

To jest dom. Dom leży na ulicy. Jest miły i ładny. Ściany są białe. Dach jest czerwony. Drzwi są nowe. One są z drewna.

To jest ogród. Ogród jest koło domu. Jest duży i zielony. W ogrodzie pies goni kurę i depcze kwiaty.

Wchodzimy do domu. To jest przedpokój. Przedpokój jest przestronny i wygodny.

Po prawej jest kuchnia. Kuchnia jest duża i jasna. Ściany są żółte. Sufit jest biały.

Na suficie jest żyrandol. Jest duży i piękny.

This is a city. It is big and beautiful. It is located near the sea.

This is a street. It is in the city. The street is large and clean.

This is a house. The house is in the street. It is neat and beautiful. The walls are white. The roof is red. The door is new. It is wooden.

This is a garden. The garden is located near the house. It's big and green. A dog is running after a chicken in the garden. It tramples on flowers.

We go into the house. This is a hall. The hall is spacious and comfortable.

The kitchen is on the right. The kitchen is large and bright. The walls are yellow. The ceiling is white.

There is a chandelier on the ceiling. It is big and beautiful.

To jest stół. Jest duży i okrągły. Na stole leży obrus.

To jest mikser. Leży na stole. Jest wygodny i mały.

To jest szklanka. Ona też stoi na stole. Jest zrobiona ze szkła. Szklanka jest czysta.

Koło stołu jest krzesło. Jest drewniane. Krzesło jest wygodne.

To jest lodówka. Jest szara. Lodówka jest nowa. Stoi w kącie. Koło lodówki jest kot. Chce ukraść rybę z lodówki.

To jest toster. On stoi na lodówce. Toster jest mały i wygodny.

To jest ekspres do kawy. Stoi koło zlewu. Ekspres do kawy jest brudny.

To jest blender. On też znajduje się na lodówce. Jest biały. Blender jest stary.

Naprzeciwko lodówki jest okno. Jest duże i czyste.

To jest kuchenka. Znajduje się koło okna. Jest nowa i wygodna.

To jest czajnik. Stoi na kuchence gazowej. Jest metalowy i ma gumowy uchwyt.

Koło lodówki jest zmywarka. Po lewej jest suszarka na naczynia.

To jest szafka. Ona wisi nad zlewem. Jest drewniana.

To jest serwetka. Znajduje się w szafce kuchennej. Jest mała i czysta.

To jest obraz. On wisi na ścianie. Na obrazie jest morze i statek.

To jest stół kuchenny. Stoi w kącie. Jest duży i drewniany.

To jest widelec. Leży na stole. Widelec jest metalowy. Jest czysty.

This is a table. It's big and round. There is a tablecloth on the table.

This is a mixer. It is on the table. It's comfortable and small.

This is a glass. It is also on the table. It is made of glass. The glass is clean.

Near the table there is a chair. It is wooden. The chair is comfortable.

This is a refrigerator. It is gray. The refrigerator is new. It is located in the corner. There is a cat near the refrigerator. He wants to steal fish from the refrigerator.

This is a toaster. It is standing on the refrigerator. The toaster is small and convenient.

This is a coffee maker. It is standing near the sink. The coffee maker is dirty.

This is a blender. It is also on the refrigerator. It is white. The blender is old.

Across from the refrigerator, there is a window. It is large and clean.

This is a stove. It is located near the window. It is new and convenient

This is a kettle. It is on a gas stove. It is metal with a rubber handle.

Near the refrigerator there is a dishwasher. To the left, there is a dryer for dishes.

This is a cupboard. It hangs over the sink. It is wooden.

This is a napkin. It is in the kitchen cupboard. It's small and clean.

This is a picture. It is on the wall. There is the sea and a ship in the painting.

This is the kitchen table. It is located in the corner. It is large and wooden.

This is a fork. It is on the table. The fork is metal. It is clean.

To jest talerz. Stoi na stole kuchennym. Talerz jest żółty. Jest mały i ładny.

To jest kubek. Też stoi na stole kuchennym. Kubek jest czerwony. Kot pije wodę z kubka.

To jest łyżeczka. Stoi w kubku. Łyżeczka jest metalowa. Jest mała.

This is a dish. It is on the kitchen table. The plate is yellow. It's small and beautiful.

This is a cup. It is also on the kitchen table. The cup is red. A cat drinks water from the cup.

This is a teaspoon. It is located in a cup. The spoon is metal. It's small.

C

Pytania i odpowiedzi

- Gdzie jest miasto?
- Miasto leży nad morzem.
- Czy ulica jest duża czy mała?
- Ulica jest duża.
- Gdzie jest dom?
- Dom jest na ulice.
- Gdzie jest ogród?
- Ogród jest koło domu.
- Czy ogród jest duży czy mały?
- Ogród jest duży.
- Czy przedpokój jest przestronny?
- Tak, przedpokój jest przestronny.
- Gdzie jest kuchnia?
- Kuchnia jest po prawej stronie.
- Gdzie jest mikser?
- Mikser jest na stole.
- Czy na stole jest obrus?
- Tak, na stole jest obrus.
- Co stoi na stole?

Questions and Answers

- Where is the city?
- It is located near the sea.
- Is the street big or small?
- The street is big.
- Where is the house?
- The house is in the street.
- Where is the garden?
- The garden is located near the house.
- The garden is large or small?
- The garden is large.
- Is the hall spacious?
- Yes, the hall is spacious.
- Where's the kitchen?
- Kitchen is on the right.
- Where is the mixer?
- The mixer on the table.
- Is there a tablecloth on the table?
- Yes, there is a tablecloth on the table.
- What is there on the table?

- Na stole stoi szklanka.
- Czy ona jest brudna?
- Nie, szklanka jest czysta.
- Gdzie jest lodówka?
- Lodówka jest w kącie.
- Gdzie jest kot?
- Kot jest koło lodówki.
- Gdzie jest ekspres do kawy?
- Ekspres do kawy jest koło zlewu.
- Czy ekspres do kawy jest czysty?
- Nie, on jest brudny.
- Czy w kuchni jest okno?
- Tak, okno jest naprzeciwko lodówki.
- Czy okno jest duże?
- Tak, ono jest duże.
- Gdzie jest widelec?
- Widelec jest na stole kuchennym.
- Czy na stole jest też talerz?
- Tak, na stole kuchennym stoi talerz.
- Czy w kuchni są serwetki?
- Tak, serwetki są w szafce kuchennej.
- Czy w kuchni jest czysty kubek?
- Tak, w kuchni jest czysty kubek.
- Czy kubek jest czerwony?
- Tak, on jest czerwony.

- There is a glass on the table.
- It is dirty?
- No, the glass is clean.
- Where's the fridge?
- The refrigerator is in the corner.
- Where is the cat?
- The cat is near the refrigerator.
- Where is coffeemaker?
- The coffeemaker is near the sink.
- Is the coffeemaker clean?
- No, it's dirty.
- Is there a window in the kitchen?
- Yes, the window is in front of the refrigerator.
- Is the window large?
- Yes, it's large.
- Where is the fork?
- The fork is on the kitchen table.
- Is the plate also on the kitchen table?
- Yes, a plate is on the kitchen table.
- Are there napkins in the kitchen?
- Yes, there are napkins in the kitchen cupboard.
- Is there a clean cup in the kitchen?
- Yes, there is a clean cup in the kitchen.
- Is the cup red?
- Yes, it is red.

2

Gdzie jest jadalnia?
Where is the dining room?

A

Słówka

1. biały - white
2. brązowy - brown
3. czerwony - red
4. cztery - four
5. dywan - carpet
6. ile - how much
7. jadalnia - dining room
8. jaki - which, what
9. kolor, barwa - color
10. lustro - mirror
11. nie - not
12. niebieski - blue

13. nowy - new
14. nóż - knife
15. oglądać , patrzeć - to watch
16. oni - they
17. plastikowy , z plastiku - plastic (adj.)
18. podłoga - floor
19. pokój - room
20. półka - shelf
21. pusty - empty

22. siedzieć - to sit
23. sześć - six
24. ta - this (feminine)
25. te - these (plural)
26. ten - this (masculine)
27. trzy - three
28. tu , tutaj - here
29. wazon - vase
30. wchodzić - to enter

 **B**

- Czy to jest kuchnia?
- Tak, to jest kuchnia.
- Gdzie jest jadalnia?
- Jadalnia jest po lewej stronie.
- Co to jest?
- To jest stół.
- Czy stół jest z plastiku?
- Nie, on jest drewniany.
- Co jest na stole?
- Na stole są talerze i łyżki.
- Czy one są czyste?
- Tak, one są czyste.
- Co jest koło stołu?
- To jest krzesło.
- Czy ono jest nowe?
- Tak, jest nowe i wygodne.
- Jakiego koloru jest krzesło?

- Is this the kitchen?
- Yes, this is the kitchen.
- Where is the dining room?
- The dining room is to the left.
- What is this?
- This is a table.
- Is the table plastic?
- No, it is made of wood.
- What is there on the table?
- These are plates and spoons on the table.
- Are they clean?
- Yes, they are clean.
- What is there at the table?
- This is a chair.
- Is it new?
- Yes, it is new and comfortable.
- What color is this chair?

- Krzesło jest brązowe.
- Ile krzeseł jest w tym pomieszczeniu?
- W tym pomieszczeniu są cztery krzesła.
- Gdzie są kubki?
- Kubki są na stole.
- Gdzie jest czajnik?
- Czajnik stoi na kuchence.
- Czy on jest pusty?
- Nie, on nie jest pusty. W czajniku siedzi kot.
- Co wisi na ścianie?
- To jest obraz.
- Czy ten obraz jest nowy czy stary?
- Jest stary i piękny.
- Gdzie są serwetki?
- Serwetki są w szafce.
- Gdzie jest szafka?
- Stoi koło obrazu.
- Jakiego koloru jest szafka?
- Jest biała.
- Ile półek jest w szafce?
- W szafce są trzy półki.
- Gdzie są widelce?
- Widelce też są w szafce.
- Co to jest?
- To jest lustro. Pies patrzy w lustro.
- Co jest na podłodze?
- To jest dywan.
- Jakiego koloru jest dywan?
- Dywan jest niebieski.

- This chair is brown.
- How many chairs are in this room?
- There are four chairs in this room.
- Where are the cups?
- The cups are on the table.
- Where is the tea kettle?
- The kettle is on the stove.
- Is it empty?
- No, it is not empty. The cat is sitting in the teapot.
- What is hanging on the wall?
- It is a picture.
- Is the picture new or old?
- It is beautiful and old.
- Where are the napkins?
- The napkins are in a cabinet.
- Where is the cabinet?
- It is standing near the picture.
- What color is the cabinet?
- It is white.
- How many shelves are there in the cabinet?
- The cabinet has three shelves.
- Where are the forks?
- The forks are also in the cabinet.
- What is this?
- This is a mirror. The dog is looking in the mirror.
- What's on the floor?
- This is a carpet.
- What color is this carpet?
- This carpet is blue.

- Jakiego koloru jest sufit?
- Sufit jest szary.
- Co wisi na suficie?
- To jest żyrandol.
- Jakiego koloru jest żyrandol?
- Żyrandol jest niebiesko-biały.
- Gdzie jest lodówka?
- Stoi w kuchni.
- Czy lodówka jest duża?
- Tak, jest duża.
- Jakiego koloru jest lodówka?
- Lodówka jest szara. Kot je rybę z lodówki.
- Gdzie jest blender?
- Leży na lodówce.
- Czy blender jest nowy?
- Tak, on jest nowy.
- Gdzie jest ekspres do kawy?
- Stoi koło zlewu.
- Czy ekspres do kawy jest czysty?
- Nie, on jest brudny.
- Gdzie jest toster?
- Jest w szafce kuchennej.
- Co stoi na stole?
- To jest wazon.
- Czy wazon jest szklany?
- Tak, on jest szklany.
- Co stoi w wazonie?
- To są kwiaty.
- Ile kwiatów stoi w wazonie?
- W wazonie jest sześć kwiatów.

- What color is the ceiling?
- The ceiling is gray.
- What is hanging on the ceiling?
- This is a chandelier.
- What color is this chandelier?
- This chandelier is blue and white.
- Where is the refrigerator?
- It is located in the kitchen.
- Is the refrigerator big?
- Yes, it's big.
- What color is the refrigerator?
- The refrigerator is gray. The cat is eating fish from the refrigerator.
- Where's the blender?
- It is on the refrigerator.
- Is the blender new?
- Yes, it is new.
- Where is the coffee maker?
- It is near the sink.
- Is the coffee maker clean?
- No, it's dirty.
- Where is the toaster?
- It is in the kitchen cabinet.
- What is there on the table?
- This is a vase.
- Is the vase glass?
- Yes, it is glass.
- What is standing in the vase?
- These are flowers there.
- How many flowers are there in the vase?
- There are six flowers in the vase.

- Jakiego koloru są kwiaty?
- Są czerwone.
- Czy tu jest mikser?
- Nie, mikser jest w kuchni.
- Czy w szafce są noże?
- Tak, noże są w szafce.
- Jakiego koloru jest ten talerz?
- Jest niebieski.
- Jakiego koloru jest ta ściana?
- Ściana jest zielona.

- What color are these flowers?
- They are red.
- Is there the mixer here?
- No, the mixer is in the kitchen.
- Are there knives in the cabinet?
- Yes, there are knives in the cabinet.
- What color is this dish?
- It is blue.
- What color is this wall?
- The wall is green.

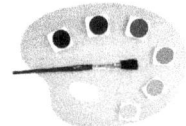

3

Sala
The hall

A

Słówka

1. beżowy - beige
2. ciekawy - interesting
3. czarny - black
4. czy - whether, if
5. fotel - armchair
6. jeszcze - more, still
7. kanapa - sofa, couch
8. koło, obok, przy - at, near
9. kominek - fireplace
10. książka - book
11. lampa - lamp
12. leżeć - to lie
13. miękki - soft
14. mijać, upływać - to pass

15. pod - under
16. poduszka - pillow
17. pracować - to work
18. prosto , na wprost - straight
19. purpurowy - purple
20. radio - radio
21. róża - rose
22. sala - hall , auditorium

23. stolik (do kawy) - coffee table
24. Szekspir - Shakespeare
25. telewizor - tv-set
26. też , także - also
27. tulipan - tulip
28. wiele - many , a lot
29. włącznik - switch
30. zdjęcie , fotografia - photograph

- Gdzie jest sala?

- Sala jest na wprost.

Wchodzimy do sali. Pomieszczenie jest duże i przytulne. Sufit jest szary. Ściany są zielone.

- Co jest na podłodze?

- Na podłodze leży dywan. Jest miękki. Dywan jest purpurowy.

- Co stoi na dywanie?

- Na dywanie stoi stolik do kawy. Stolik jest szklany. Na stoliku leży ciekawa książka. Jest szara.

- Gdzie jest fotel?

- Fotel stoi za stolikiem. Jest duży i wygodny.

- Czy w pomieszczeniu jest kanapa?

- Tak, kanapa stoi koło okna. Kot siedzi na kanapie z rybą. Na kanapie leżą też poduszki. Są purpurowe. Poduszki są miękkie i wygodne.

- Co wisi na ścianie?

- Na ścianie wisi obraz.

- Where is the hall?

- The hall is straight ahead.

We pass into the hall. The room is large and cozy. The ceiling is gray. The walls are green.

- What is there on the floor?

- On the floor there is a carpet. It is soft. The carpet is purple.

- What is standing on the carpet?

- There is a coffee table on the carpet. The coffee table is glass. On the table there is an interesting book. It is gray.

- Where is the armchair?

- The armchair is behind the coffee table. It is large and comfortable.

- Is there a sofa in this room?

- Yes, the sofa stands near a window. A cat is sitting on the couch with fish. There are couch cushions lying on the couch as well. They are purple. The pillows are soft and comfortable.

- What is hanging on the wall?

- A picture is hanging on the wall.

- Gdzie jest kominek?
- Kominek jest pod obrazem. Jest duży i piękny.
- Co znajduje się na gzymsie?
- Na gzymsie jest zdjęcie i wazon.
- Co jest w wazonie?
- W wazonie stoją piękne żółte róże.
- Ile róż jest w wazonie?
- W wazonie jest sześć róż.
- Czy w sali są jeszcze jakieś kwiaty?
- Tak, na parapecie stoją tulipany.
- Czy w sali są książki?
- Tak, w regale jest dużo książek.
- Gdzie jest regał?
- Stoi koło drzwi.
- Co znajduje się na regale?
- Na regale są książki i zdjęcia.
- Czy na regale są książki Szekspira?
- Tak, są czerwone.
- Ile półek ma regał?
- Regał ma cztery półki.
- Co jest na suficie?
- Na suficie znajduje się nowy żyrandol.
- Gdzie jest włącznik światła?
- Włącznik jest na ścianie po prawej stronie.
- Czy w sali jest więcej lamp
- Tak, koło kanapy stoi jeszcze jedna lampa.
- Jakiego koloru jest ta lampa?
- Jest beżowa.

- Where is the fireplace in this room?
- The fireplace is located under the picture. It is big and beautiful.
- What is there on the mantelpiece?
- There is a photo and a vase on the mantelpiece.
- What is in the vase?
- There are beautiful yellow roses in the vase.
- How many roses are there in the vase?
- There are six roses in the vase.
- Are there more flowers in this room?
- Yes, there are tulips on the windowsill.
- Are there books in this room?
- Yes, there are a lot of books in the bookcase.
- Where is the bookcase?
- It is located near the door.
- What is there in the bookcase?
- There are books and photographs in the bookcase.
- Are there books by Shakepseare in the bookcase?
- Yes, they are red.
- How many shelves are there in the bookcase?
- In the bookcase there are four shelves.
- What is there on the ceiling?
- There is a new chandelier on the ceiling.
- Where's the switch?
- The switch is on the wall on the right.
- Are there more lamps in the room?
- There is another lamp near the sofa.
- What color is this lamp?
- It is beige.

- Czy jest tu telewizor?

- Tak, stoi w kącie.

- Czy telewizor jest duży czy mały

- Jest duży i czarny.

- Czy to radio działa?

- Tak, ono działa.

- Is there a TV here?

- Yes, it is in the corner.

- Is the TV big or small?

- It's big and black.

- Does this radio work?

- Yes, it works.

4

Łazienka

The bathroom

A

Słówka

1. bielizna - laundry, underwear, linen
2. chłodny, zimny - cold
3. czyścić - to clean
4. czytać - to read
5. dywanik - little rug, mat
6. gorący - hot
7. jedzenie - food
8. jeść - to eat
9. koło, obok, przy - next to, near
10. kosz - basket
11. kran, kurek - faucet, tap
12. łazienka - bathroom

13. maszyna - machine
14. można - possible
15. myć się - to wash oneself
16. myć, prać - to wash, to clean
17. mydło - soap
18. odpoczywać - to rest, to relax
19. papier - paper
20. prysznic - shower
21. przyrządzać - to prepare, to cook
22. ręcznik - towel
23. ręka - hand
24. robić - to make
25. rozmawiać, gadać - to talk, to chat
26. sedes - toilet (bowl)
27. słuchać - to listen to
28. śmieci - trash, garbage
29. szczotka - brush
30. toaletowy - toilet, bathroom (adj.)
31. umywalka - washbasin
32. wana - bathtub
33. wziąć - to take (a shower, medicine etc.)
34. z - with
35. zęby - teeth

B

Przechodzimy do łazienki. Łazienka jest mała i jasna. Ściany łazienki są niebieskie. Sufit jest biały.

- Co to jest?

- To jest wanna.

- Czy jest z plastiku czy z metalu?

- Wanna jest plastikowa.

- Co jest nad wanną?

- Nad wanną jest kran i prysznic. Kran ma kurek z ciepłą i z zimną wodą.

- Co wisi na ścianie?

- To jest czysty ręcznik. Jest niebieski.

- Co leży na podłodze koło wanny?

- Koło wanny leży dywanik.

- Co jest po prawej stronie?

We proceed to the bathroom. The bathroom is small and bright. The walls in the bathroom are blue. The ceiling is white.

- What is this?

- This is the bathtub.

- Is it plastic or metal?

- The tub is plastic.

- What is there above the bathtub?

- This is a faucet and shower. The faucet has hot and cold water.

- What is hanging on the wall?

- This is a clean towel. It is blue.

- What is lying near the bathtub on the floor?

- A mat is lying near the bathtub.

- What is there on the right?

- To jest umywalka. Nad umywalką wisi lustro. Jest też kurek z ciepłą i z zimną wodą.

- Co leży na umywalce?

- Na umywalce leży mydło i szczoteczki do zębów.

- Co jest koło umywalki?

- To jest pralka. Jest biała. Pralka jest nowa.

- Co jest koło pralki?

- Koło pralki jest kosz na brudną bieliznę.

- Co stoi w kącie?

- W kącie jest kosz na śmieci.

- Co jest za umywalką?

- Za umywalką jest sedes.

- Co jest koło sedesu?

- To jest papier toaletowy i szczotka do mycia sedesu.

- Co można robić w łazience?

- W łazience można myć ręce, myć się, kąpać się i myć zęby.

- Co można robić w kuchni?

- W kuchni można przyrządzać jedzenie i zmywać naczynia.

- Co można robić w jadalni?

- W jadalni można jeść i rozmawiać.

- Co można robić w dużym pokoju?

- W dużym pokoju można odpoczywać, oglądać telewizję, słuchać radia, rozmawiać, czytać.

- This is a washbasin. There is a mirror hanging over the washbasin. There is also a tap with hot and cold water.

- What is there on the sink?

- On the sink, there are soap and toothbrushes.

- What is near the sink?

- It is a washing machine. It is white. The washing machine is new.

- What is there near the washing machine?

- There is a basket for dirty laundry near the washing machine.

- What is there in the corner?

- There is a trash can in the corner.

- What is behind the wash basin?

- There is a toilet behind the washbasin.

- What is near the toilet bowl?

- This is toilet paper and a toilet brush.

- What can you do in the bathroom?

- In the bathroom you can wash your hands, wash, bath, and brush your teeth.

- What can you do in the kitchen?

- In the kitchen you can cook food and wash dishes.

- What can you do in the dining room?

- In the dining room, you can eat and talk.

- What can you do in the living room?

- In the living room, you can relax, watch TV, listen to the radio, talk, read.

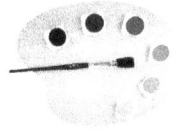

5

Czy umiesz mówić po niemiecku albo hiszpańsku?
Can you speak German or Spanish?

A

Słówka

1. ale - but
2. angielski - English
3. brać - to take
4. brat - brother
5. być - to be
6. być może - maybe
7. czekać - to wait
8. dlaczego - why
9. do domu - homeward
10. dobrze - well
11. drzewo - tree
12. dzisiaj, dziś - today
13. francuski - French (adj.)
14. go, jego - him, his
15. grać, bawić się - to play
16. inny - other
17. iść - to go, to walk
18. ja - I
19. język - language, tongue
20. jutro - tomorrow

21. kawiarnia - cafe
22. kino - cinema, movie theater
23. komputer - computer
24. koszykówka - basketball
25. móc - to be able to, can
26. mój - my
27. mówić - to speak
28. nasz - our(s)
29. pisać - to write
30. po - after
31. po angielsku - in English
32. po francusku - in French
33. po hiszpańsku - in Spanish
34. po niemiecku - in German
35. położyć - to put (down)
36. pomagać - to help
37. potrzebować - to be necessary, to need to
38. powinien (this verb has no infinitive in Polish) - to have to, must
39. praca - work
40. przyjaciel - friend
41. sklep - store, shop
42. sprzątać - to clean, to tidy up
43. starać się - to work hard
44. swój - someone's (own)
45. telefon - phone
46. teraz - now
47. trochę - a bit, a little
48. twój - your(s)
49. ty - you
50. uczyć - to teach
51. umieć - to be able to, can
52. wieczorem - in the evening
53. wołać, nazywać - to call, to name
54. wziąć - to take
55. zachorować, być chorym - to get sick
56. zadzwonić - to call (by phone)
57. zapewne, chyba - probably
58. zeszyt - notebook, copybook

B

1

- Czy umiesz czytać po angielsku albo po francusku?

- Umiem czytać i pisać po angielsku i po francusku.

- Czy umiesz mówić w tych językach?

- Mówię trochę po angielsku. Nie mówię po

1

- Can you read in English or in French?

- I can read and write in English and in French.

- Can you speak these languages?

- I can speak a little English. I do not speak French.

francusku.

- Czy umiesz mówić po niemiecku albo hiszpańsku?

- Tak, mówię dobrze po niemiecku i po hiszpańsku.

- Czy możesz mnie nauczyć hiszpańskiego?

- Tak, mogę. Ale musisz się postarać.

2

- Czy umiesz grać w koszykówkę?

- Nie, ale mogę się nauczyć.

- Może pogramy jutro?

- Jutro nie mogę, ale mogę pograć dzisiaj.

- Może dzisiaj wieczorem?

- Tak, mogę pograć wieczorem. Czy możesz zadzwonić do swoich przyjaciół?

- Tak, mogę.

3

- Gdzie jest twój brat?

- Musimy na niego poczekać.

- On chyba nie przyjdzie. Czy mogę iść do domu?

- Tak, możesz.

4

- Czy mogę wziąć tę książkę?

- Nie, nie możesz wziąć tej książki.

- Czy mogę wziąć ten kubek?

- Nie, nie możesz wziąć tego kubka. Możesz wziąć inny kubek z kuchni.

- Gdzie jest twój przyjaciel?

- Chyba jest na zewnątrz.

5

- Chyba pójdę do kina. Czy możesz iść ze mną?

- Can you speak German or Spanish?

- Yes, I speak German and Spanish well.

- Can you teach me how to speak Spanish?

- Yes, I can. But you have to work.

2

- Can you play basketball?

- No, but I can learn.

- Maybe we'll play tomorrow?

- I can't tomorrow, but today I can.

- Maybe tonight?

- Yes, I can play in the evening. Can you call your friends?

- Yes, I can.

3

- Where is your brother?

- We have to wait for him.

- He probably will not come. Can I go home?

- Yes, you can.

4

- Can I take this book?

- No, you may not take this book.

- Can I take this cup?

- No, you may not take this cup. You can take another cup from the kitchen.

- Where is your friend?

- He's probably outside.

5

- I'll probably go to the movies. Can you come with me?

- Nie, nie mogę. Muszę pracować.
- Może pójdziesz po pracy?
- Tak, mogę iść po pracy.
- Gdzie jest moja książka?
- Chyba jest w szafie.
- Czy mogę wziąć twój długopis?
- Tak, możesz wziąć długopis z szafy.

6

- Czy mogę wziąć ten zeszyt?
- Nie, nie możesz wziąć tego zeszytu.
- Czy mogę usiąść przy stole?
- Tak, możesz.
- Czy mogę tu położyć mój zeszyt?
- Tak, możesz.
- Czy mogę pograć na komputerze?
- Tak, możesz teraz pograć.
- Potrzebuję do kogoś zadzwonić. Czy mogę wziąć ten telefon?
- Tak, możesz go wziąć.
- Czy możemy iść do kawiarni?
- Nie, muszę iść do pracy.

7

- Gdzie jest nasz kot?
- Chyba siedzi na drzewie.
- Może jest w domu?
- Nie, nie ma go w domu.

8

- Dlaczego twój przyjaciel nie przyszedł?
- Chyba jest chory.
- Musisz teraz posprzątać duży pokój.

- No, I can't. I have to do work.
- Maybe you go after work?
- Yes, I can go after work.
- Where is my book?
- It's probably in the bookcase.
- Can I take your pen?
- Yes, you can take a pen from the bookcase.

6

- Can I take this notebook?
- No, you may not take this notebook.
- Can I sit down at the table?
- Yes, you can.
- Can I put my notebook here?
- Yes, you can.
- Can I play on the computer?
- Yes, you can play now.
- I need to phone somebody. Can I take this phone?
- Yes, you can take it.
- Can we go to the cafe?
- No, I have to go to work.

7

- Where is our cat?
- He's probably in the tree.
- Maybe he's in the house?
- No, he is not in the house.

8

- Why did your friend not come?
- He's probably sick.
- You have to clean the living room now.

- Może mi pomożesz?

- Nie, muszę pozmywać naczynia.

9

- Gdzie są szczoteczki do zębów?

- Może leżą na pralce.

- Gdzie jest mój czerwony zeszyt?

- Chyba leży na kanapie.

- Może pójdziesz ze mną do sklepu?

- Tak, mogę pójść.

- Maybe you will help me?

- No, I have to wash the dishes.

9

- Where are the toothbrushes?

- Maybe they are on the washing machine.

- Where is my red notebook?

- It's probably on the couch.

- Maybe you'll come with me to the store?

- Yes, I can go.

6

Czy możesz mi pomóc?

Can you help me?

A

Słówka

1. ale - but
2. chodzić - to walk , to go
3. czas - time
4. czyj - whose
5. detektyw - detective
6. garaż - garage
7. herbata - tea
8. Hiszpan - Spaniard
9. i - and
10. ich - them , their(s)
11. ile lat - how many years
12. ją - her
13. jechać - to ride, to drive
14. jednak - while , however
15. kobieta - woman
16. kochać - to love
17. kot - cat
18. kto - who

19. mało, niewiele - little, few
20. mama - Mom
21. mężczyzna - man
22. mieć - to have, to own
23. miłość - love
24. mleko - milk
25. moja - my (mine)
26. motor, motocykl - motorcycle, motorbike
27. nienowy - not new
28. numer - number
29. o - about
30. oczywiście - of course
31. odjechać - to go/ride away
32. okulary - glasses
33. pięć - five
34. piłkarski, futbolowy - soccer (adj.)
35. po, wzdłuż - over, along
36. podobać się - to like, to appeal
37. pójść - to go
38. policja - police
39. przygoda - adventure
40. rok - year
41. sąsiad - neighbor
42. siostra - sister
43. światło - light
44. ta - that (feminine)
45. tam - there (place)
46. tata - Dad
47. telefoniczny - telephone (adj.)
48. turysta - tourist
49. ubranie - clothing, robe
50. wasz - your(s) (plural)
51. widzieć - to see
52. włączać - to turn on
53. Włoch - Italian (person)
54. wolny, swobodny - free
55. wszystko - all
56. wtedy - then
57. wypić - to drink
58. zapisać - to write (down)
59. zbiór, kolekcja - collection
60. znaleźć - to find
61. żyć - to live

B

1

- Czy mogę wziąć twój zeszyt?

- Tak, możesz. Leży na stole. Mój zeszyt jest niebieski.

- Nie mogę go znaleźć.

1

- Can I take your notebook?

- Yes, you can. It is on the table. My notebook is blue.

- I cannot find it.

- Może mój zeszyt jest na kanapie.
- Tak, jest na kanapie.
- Czy masz inny długopis? Muszę zapisać numer telefonu.
- Mój długopis leży na stole. Jest z metalu.

2

- Ile lat ma wasz kot?
- Nasz kot ma pięć lat.
- Co lubi jeść wasz kot?
- Nasz kot lubi pić mleko.
- Ile lat ma jej kot?
- Jej kot ma trzy lata.

3

- Czy masz dużo przyjaciół?
- Tak, mam dużo przyjaciół.
- Ja nie mam przyjaciół w tym mieście.
- Może wieczorem pójdziemy do kina z moimi przyjaciółmi. Czy pójdziesz z nami?
- Tak, mogę pójść.
- Czy twoja siostra też pójdzie z nami?
- Mogę do niej zadzwonić.
- Zadzwonię do ciebie wieczorem.
- Czy twoi przyjaciele mieszkają w tym mieście?
- Tak, wszyscy moi przyjaciele mieszkają w tym mieście.

4

- Muszę posprzątać pokój. Czy możesz mi pomóc?
- Nie, muszę znaleźć mój telefon.
- Może twój telefon jest w kuchni.
- Pomóż mi znaleźć telefon, a ja pomogę ci posprzątać pokój.

- Maybe my notebook is on the couch.
- Yes, it's on the couch.
- Do you have another pen? I need to write down a phone number.
- My pen is on the table. It's metal.

2

- How old is your cat?
- Our cat is five years old.
- What does your cat like to eat?
- Our cat likes to drink milk.
- How old is her cat?
- Her cat is three years old.

3

- Do you have many friends?
- Yes, I have many friends.
- I have no friends in this town.
- Maybe in the evening we will go to the movies with my friends. Can you come with us?
- Yes, I can.
- Will your sister go with us?
- I can call her.
- I'll call you in the evening.
- Do your friends live in this city?
- Yes, all of my friends live in this city.

4

- I have to clean the room. Can you help me?
- No, I need to find my phone.
- Perhaps your phone is in the kitchen.
- Help me find my phone, and I'll help you clean the room.

5

- Czy masz jakieś ciekawe książki?
- Mam duży zbiór książek. Wiele z nich opowiada o przygodach. Mam też książki o miłości.
- Czy masz powieści detektywistyczne?
- Mam kilka.
- Czy mogę je obejrzeć?
- Tak, możesz. Stoją na półce z książkami. Na półce po prawej stronie.
- Moja mama też ma dużo książek.

6

- Muszę znaleźć okulary taty. Gdzie one są?
- Może jego okulary są na półce.
- Nie, tam ich nie ma.
- Więc może są na stole w pokoju.
- Znalazłam jego okulary.

7

- Muszę umyć nasze kubki.
- Musisz je umyć teraz?
- Tak, muszę je umyć teraz.
- Czy w tym pokoju są czyste kubki?
- Tak, na tamtej półce jest dużo czystych kubków.
- Który kubek jest mój?
- Twój kubek jest żółty, a mój jest niebieski.

8

- Ten mężczyzna to mój tata. To jest dom taty.
- Czy ten dom jest nowy?
- Nie, on nie jest nowy.
- Czy to twój samochód?
- Nie, ten samochód jest niebieski, a nasz jest czerwony.

5

- Do you have any interesting books?
- I have a large collection of books. Many of them are about adventures. I also have books about love.
- Do you have detective books?
- I have a few.
- Can I see them?
- Yes, you can. They are on the bookshelf. On the shelf on the right.
- My mother also has a lot of books.

6

- I need to find Dad's glasses. Where are they?
- Maybe his glasses are on the shelf.
- No, his glasses are not there.
- Then they may be in the room on the table.
- I found his glasses.

7

- I have to wash our cups.
- You have to wash the cups now?
- Yes, I have to wash them now.
- Are there clean cups in this room?
- Yes, there are many clean cups on that shelf.
- Which cup is mine?
- Your cup is yellow, but mine is blue.

8

- This man is my dad. This is Dad's home.
- Is his house new?
- No, it is not new.
- Is this your car?

9

- To jest moja mama.
- Czy ona wychodzi z domu?
- Tak, ona idzie do pracy.
- Czy to jej samochód?
- Tak, to jest samochód mojej mamy. Jej samochód jest nowy.
- Czy twój tata też ma samochód?
- Tak, jego samochód jest w garażu.

10

- Czy lubisz psy?
- Nie, ale moja mama ma psa.
- Czy to jest pies twojej mamy?
- Tak, to jest jej pies.

11

- Gdzie jest twój pokój?
- Mój pokój jest po prawej stronie. Jest czysty i jasny.
- Czyj pokój jest po lewej?
- To jest pokój mojej mamy. Jej pokój jest duży i ładny.

12

- Czy w czajniku jest woda?
- Tak, w czajniku jest trochę wody.
- Czy mogę napić się herbaty?
- Tak, oczywiście.

13

- Nasz kot wypił tylko trochę mleka.
- Myślę, że był chory.

14

- Czy w tym mieście jest dużo Włochów i

- No, this is a blue car, and our car is red.

9

- This is my mom.
- Is she leaving?
- Yes, she is going to work.
- Is this her car?
- Yes, this is my mother's car. Her car is new.
- Does your dad also have a car?
- Yes, his car is in the garage.

10

- Do you like dogs?
- No, but my mom has a dog.
- This dog is your mother's?
- Yes, it is her dog.

11

- Where is your room?
- My room on the right. It is clean and bright.
- Whose room is on the left?
- This is my mother's room. Her room is big and beautiful.

12

- Is there water in the kettle?
- Yes, there is a little water in the kettle.
- Can I have some tea?
- Yes, of course.

13

- Our cat drank just a little milk.
- I think she was ill.

14

- Are there many Italians and Spaniards

Hiszpanów?

- Tak, tu jest dużo turystów.
- Nasze miasto jest piękne.
- Lubię tu mieszkać.

15

- Kto to jest?
- To mój przyjaciel Robert.
- On ma stare ubrania.
- Nie lubi robić zakupów.

16

- Czy ta kobieta mieszka w domu naprzeciwko?
- Tak, to nasza sąsiadka.
- Czy to jej motor tu stoi?
- Tak, to jest jej motor.

17

- W tym pokoju jest mało światła. Czy możesz zapalić światło?
- Tak, mogę.

18

- Czy dzisiaj na mieście jest dużo policjantów?
- Tak, dzisiaj jest mecz piłkarski.
- Może wybierzemy się na mecz?
- Tak, mamy dużo wolnego czasu.

in this city?
- Yes, there are a lot of tourists.
- Our city is beautiful.
- I like living here.

15

- Who's that?
- This is my friend Robert.
- His clothes are old.
- He does not like to shop.

16

- This woman lives in a house across the street?
- Yes, she is our neighbor.
- Is that her motorcycle there?
- Yes, it's her motorcycle.

17

- In this room, there is little light. Can you turn on the light?
- Yes, I can.

18

- Are there many policemen in the city today?
- Yes, today is the football game.
- Maybe we'll go to a football match?
- Yes, I have a lot of free time.

7

Jak masz na imię?
What's your name?

A

Słówka

1. Angielka - Englishwoman
2. Anglia - England
3. autoserwis , serwis samochodowy - car service
4. bardzo - very
5. biuro - agency
6. -by - particle used to indicate the conditional , for example 'If ... , then I **would**...'
7. cała - whole (feminine)
8. chłodno , zimno - cold
9. ciastko , ciasteczko - cookie
10. cześć , hej - hi
11. często - often
12. czterdzieści - forty
13. danie - dish
14. do , ku - until , to
15. domowy - house/home (adj.)
16. dwa - two

17. dwadzieścia - twenty
18. dwanaście - twelve
19. dziecięcy - children's (adj.)
20. gość - guest
21. jak - how
22. jakiś - any, some
23. jeden - one
24. jeździć - to ride, to go
25. kiedy - when
26. klub - club
27. kraj - country
28. lat - years
29. lekarz - doctor, physician
30. londyński - London (adj.)
31. łosoś - salmon
32. mechanik - mechanic
33. narodowość - nationality
34. narodowy - national
35. nas - us
36. Neapol - Naples
37. niedawno - not long ago, recently
38. niemiecki - German
39. nieruchomość - real estate
40. ojciec - father
41. osiem - eight
42. osiemnaście - eighteen
43. piłka nożna - soccer
44. piłkarz - soccer player
45. pisarka - writer (fem.)
46. pizza - pizza
47. poczta - post office
48. podróżować - to travel
49. poznać - to get acquainted, to learn
50. profesjonalny, zawodowy - professional
51. remont - renovation, repairs
52. rodzice - parents
53. rodzina - family
54. samochód, auto - automobile, car
55. skąd - from where
56. sprzedawać - to sell
57. starszy - older
58. szkoła - school
59. trzydzieści - thirty
60. ty - you
61. uczyć się - to study, to learn
62. uniwersytet - university
63. urodzić się - to be born
64. wakacje - vacation
65. Wielka Brytania - Great Britain
66. Włochy - Italy
67. zawód - profession
68. zawsze - always
69. żłobek - nursery
70. znać - to know
71. znaczek pocztowy - stamp
72. znakomity - excellent
73. zwierzę - animal
74. życie - life

B

1

- Cześć.

- Cześć. Jak masz na imię?

- Mam na imię Frank. A ty jak masz na imię?

- Mam na imię Mario.

- Ile masz lat?

- Mam osiemnaście lat.

- Jakiej jesteś narodowości?

- Urodziłem się i mieszkam w Wielkiej Brytanii. Mój tata jest Hiszpanem. Moja mama jest Angielką. A ty skąd pochodzisz?

- Jestem Włochem. Mieszkam w Neapolu. Czy ty pracujesz czy studiujesz?

- Studiuję na Uniwersytecie Narodowym. A ty jaki masz zawód?

- Z zawodu jestem mechanikiem. Prowadzę własny serwis samochodowy we Włoszech.

- Podoba ci się Anglia?

- Lubię ten kraj, ale tu jest chłodno. Teraz dużo podróżuję. Czy lubisz podróżować?

- Lubię podróżować, ale mam teraz bardzo mało czasu.

- Czy mógłbyś mnie odwiedzić ze swoją rodziną?

- Nie mogę. Muszę się teraz dużo uczyć.

2

- Czy zawsze mieszkałeś w tym domu?

- Tak, mieszkałam tu całe życie.

- Masz piękny dom!

- Tak, ostatnio zrobiliśmy remont.

1

- Hi.

- Hi. What's your name?

- My name is Frank. And what's your name?

- My name is Mario.

- How old are you?

- I'm eighteen years old.

- What is your nationality?

- I was born and live in Great Britain. My dad is a Spaniard. My mother is an Englishwoman. And where are you from?

- I'm Italian by nationality. I live in Naples. Do you work or study?

- I am a student at the National University. And what is your profession?

- I am a mechanic by profession. I have my own car service in Italy.

- Do you like England?

- I like this country, but it's cold here. I now travel a lot. Do you like to travel?

- I like to travel, but now I have very little time.

- Could you come visit me with your family?

- I cannot. Now I have to study a lot.

2

- Have you always lived in this house?

- Yes, I've lived here all my life.

- You have a beautiful home!

- Yes, we recently made repairs.

- Macie dużo pięknych kwiatów w ogrodzie.

- Tak, moja mama lubi kwiaty.

3

- Może napijemy się herbaty?

- Tak, chodźmy do kuchni.

- Czy masz czarną herbatę?

- Tak, mamy czarną i zieloną herbatę.

- Jakie jedzenie lubisz?

- Lubię, kiedy moja mama robi dania z łososiem. Mama piecze też dobre ciasteczka.

- Ja bardzo lubię pizzę.

- Czy umiesz przyrządzić pizzę?

- Tak, umiem. Lubię gotować.

4

- Czy masz jakieś zwierzęta domowe?

- Tak, mam psa. Nazywa się Johnny.

- Ile ma lat?

- Ma sześć lat.

- Ja też mam psa we Włoszech.

5

- Czy znasz dobrze niemiecki?

- Tak, mój ojciec mnie nauczył. Czy u was w rodzinie wszyscy mówią po niemiecku?

- Tak, wszyscy mówimy po niemiecku.

- Czy znasz jakiś inny język?

- Znam trochę francuski.

6

- Czy ta książka na stole jest twoja?

- Tak, to moja książka. To opowiadania detektywistyczne Agathy Christie. Lubisz tę pisarkę?

- You have a lot of beautiful flowers in the garden.

- Yes, my mom likes flowers.

3

- Maybe we can drink tea?

- Yes, let's go to the kitchen.

- Do you have black tea?

- Yes, we have black and green tea.

- What food do you like?

- I like it when my mom prepares dishes with salmon. She also makes good cookies.

- And I really like pizza.

- Can you cook pizza?

- Yes, I can. I like cooking.

4

- Do you have any pets?

- Yes, I have a dog. His name is Johnny.

- How old is he?

- He's six years old.

- I also have a dog in Italy.

5

- Do you know German well?

- Yes, I have learned it with my father. Does everyone speak German in your family?

- Yes, we all speak German.

- Do you know another language?

- I speak a little French.

6

- Is this book on the table yours?

- Yes, this book is mine. These are detective stories by Agatha Christie. Do you like this author?

- Tak. Ona pisała znakomite powieści detektywistyczne.

- Czy lubisz czytać?

- Tak. Dużo czytam.

7

- Czy masz dużą rodzinę?

- Tak, mam dużą rodzinę. Mam ojca, matkę, dwóch braci i małą siostrzyczkę.

- Ile lat ma twoja siostra?

- Teraz ma rok.

- Jak się nazywa?

- Ma na imię Joe. Jeszcze nie umie chodzić.

- Gdzie jest teraz twoja siostra?

- Teraz jest w żłobku.

- Kim jest z zawodu twój ojciec?

- Mój tata jest lekarzem. Ale w tej chwili nie pracuje.

- Dlaczego?

- Jest na wakacjach.

- Gdzie pracuje twoja mama?

- Mama pracuje w biurze nieruchomości. Zajmuje się sprzedażą domów.

- Od jak dawna tam pracuje?

- Mama pracuje tam od ośmiu lat.

- Gdzie pracowała wcześniej?

- Wcześniej pracowała na poczcie.

- Czy twoja mama jest teraz w pracy?

- Nie, teraz jest w sklepie.

- Ile lat mają twoi rodzice?

- Mama ma trzydzieści osiem lat. Tata ma czterdzieści jeden lat.

- Yes. She writes excellent detective stories.

- Do you like to read?

- Yes. I read a lot.

7

- Do you have a big family?

- Yes, I have a big family. I have a father, mother, two brothers and a little sister.

- How old is your sister?

- She is one year old.

- What's her name?

- Her name is Joe. She still does not know how to walk.

- Where is your sister now?

- She's at the nursery.

- What is your father's profession?

- My dad is a doctor by profession. But now he is not working.

- Why?

- He's on vacation.

- Where does your mom work?

- My mother works in a real estate agency. She sells houses.

- How long has she been working there?

- My mother has been working there for eight years.

- Where did she work before?

- She worked at the post office.

- Is your mother at work now?

- No, she's at the store.

- How old are your parents?

- My mom is thirty-eight years old. My dad is forty-one years old.

- Czy na tym zdjęciu są twoi bracia?
- Tak.
- Jak się nazywają?
- To jest Philip. On ma dwanaście lat.
- Czy on się teraz uczy?
- Tak, chodzi do szkoły.
- Czy dobrze się uczy?
- Tak, on się uczy dobrze.
- A to kto?
- To mój starszy brat John.
- Ile ma lat?
- Ma dwadzieścia lat.
- Czy on pracuje?
- Tak, jest zawodowym piłkarzem.
- Lubię piłkę nożną. W jakim klubie on gra?
- Gra w londyńskim klubie.
- Czy mógłbym go poznać?
- Tak, oczywiście.

8

- Czy macie samochód?
- Tak, mamy nowy samochód.
- Jaki samochód macie?
- Mamy BMW.
- Czy często nim jeździcie?
- Tak, mama często jeździ nim do pracy.

- Are these your brothers in the photo?
- Yes.
- What are their names?
- This is Philip. He is twelve years old.
- Is he learning?
- Yes, he goes to school.
- Does he learn well?
- Yes, he learns well.
- And who is this?
- This is my older brother John.
- How old is he?
- He is twenty years old.
- Is he working?
- Yes, he is a professional soccer player.
- I like soccer. Which club does he play in?
- He plays in the London club.
- Can I meet him?
- Yes, of course.

8

- Do you have a car?
- Yes, we have a new car.
- What car do you have?
- We have a BMW.
- Do you drive it often?
- Yes, my mother often drives it to work.

8

Droga do uniwersytetu
The way to university

A

Słówka

1. bez - without
2. chleb - bread
3. ciąć - to cut
4. cukier - sugar
5. czasami - sometimes
6. daleko - far (away)
7. dobry - good
8. docierać - to arrive
9. dodawać - to add
10. dziesięć - ten
11. dziewięć - nine
12. euro - Euro
13. godzina - hour
14. jabłko - apple

15. jeść śniadanie - to have breakfast
16. jezioro - lake
17. już - already
18. kanapka - sandwich
19. kawa - coffee
20. kawałek , kawałeczek - a little piece
21. każdy - every
22. kiełbasa - sausage
23. kino - cinema , movie theater
24. kłaść - to put
25. kosztować - to cost
26. który - which
27. ludzie - people
28. metro - metro , subway
29. między - between
30. miejsce - place
31. minibus , busik - minibus
32. minuta - minute
33. miód - honey
34. most - bridge
35. muzeum - museum
36. nalewać - to pour (something fluid)
37. nasypać - to pour (something loose)
38. niedaleko - not far
39. obciąć - to cut off
40. obok - past , near
41. od początku - from the beginning
42. około - near, approximately
43. otwierać - to open
44. park - park
45. parzyć (herbatę) - to boil , to brew
46. pieszo - on foot
47. płacić - to pay
48. płatki (śniadaniowe) - flakes , cereal
49. pogoda - weather
50. potem - afterwards , then
51. potrzeba - necessary
52. przejazd - passage; fare
53. przez - through , in (time)
54. przystanek - stop
55. ptak - bird
56. rano , ranek - morning
57. rosnąć - to grow
58. ser - cheese
59. siadać - to sit down
60. siedem - seven
61. stać - to stand
62. stawiać - to put (vertically)
63. supermarket - supermarket
64. tam - there (direction)
65. toaleta , ubikacja - bathroom
66. torba , torebka - purse , bag
67. trochę - a few , some
68. trolejbus - trolleybus
69. w środku , pośrodku - in the middle
70. wśród - among
71. wstawać - to get up
72. wszystko - everything
73. wychodzić - to go out , get out
74. z powrotem - back

75. zajmować (miejsce) - to occupy
76. zbierać - to collect, to gather
77. zbierać się - to gather together
78. żeby - in order to, so that
79. zrobić - to do (finish)
80. zwykle, zazwyczaj - normally, usually

B

Wstaję o siódmej rano. Potem idę do łazienki. W łazience myję twarz i zęby. Zajmuje mi to pięć minut. Czasami rano biorę też prysznic.

Potem idę do kuchni. Rano piję kawę. Nalewam wody do czajnika. Stawiam czajnik na kuchence. Nasypuję trochę kawy do kubka. Piję kawę bez cukru. Potem biorę miskę. Nasypuję do niej płatki śniadaniowe. Dolewam mleko. Dodaję kilka łyżek cukru lub miodu. Biorę jabłko i kroję kawałki do miski z płatkami. Mogę też zrobić sobie kanapkę. Kroję kawałek chleba i kładę na nim trochę kiełbasy i sera. Zajmuje mi to dwadzieścia minut.

Muszę jechać na uniwersytet. Idę do mojego pokoju. Zbieram książki i zeszyty do torby. Torba jest koło krzesła. Potem wychodzę z domu.

Na zewnątrz jest ładna pogoda. Idę ulicą. Żeby dostać się na uniwersytet, muszę pojechać trolejbusem numer siedem lub dziewięć. Mogę też pojechać tam minibusem numer siedem lub dziesięć. Do przystanku jest niedaleko. Droga zajmuje mi około pięciu minut. Stoję na przystanku. Jest tu dużo ludzi. Podjeżdża minibus numer siedem. Wsiadam do minibusu. Potem płacę za przejazd. Bilet kosztuje trzy euro. W minibusie jest wolne miejsce. Siadam na nim. Po pięciu przystankach wysiadam z minibusu. Docieram na uniwersytet. Zajmuje mi to

I get up at seven o'clock in the morning. Then I go to the bathroom. In the bathroom, I wash my face and brush my teeth. It takes me five minutes. Sometimes in the morning I take a shower.

Then I go to the kitchen. In the morning I drink coffee. I pour the water into the teapot. I put the kettle on the stove. I brew some coffee. I pour the coffee into the cup. I drink coffee without sugar. Then I take a bowl. I pour cereal into the bowl. I add milk to it. I add several spoons of sugar or honey. I take an apple and I cut it into the bowl of cereal. I can also make a sandwich. I cut a piece of bread and put some sausage and cheese on the bread. It takes me twenty minutes.

I need to head to university. I go to my room. I gather books and notebooks into a bag. The bag is near the chair. I go outside.

The weather is good outside. I walk down the street. In order to get to university, I need trolleybus number seven or nine. I can also get there with minibus number seven or ten. It's not far to walk to the bus stop. It takes me about five minutes. I stand at the bus stop. There are a lot of people at the bus stop. Minibus number seven pulls in. I get on the minibus. Then I pay the fare. The fare is three euros. There is a free seat in the minibus. I sit down. After five stops, I get off the minibus. I come to university. It takes me about twenty minutes.

około dwudziestu minut.

Wychodzę z uniwersytetu o trzeciej. Wracam do domu pieszo. Przechodzę koło sklepów. Idę między muzeum a teatrem. Potem przechodzę przez most. Most znajduje się nad jeziorem. Idę przez park. Idę wśród drzew w parku. Na drzewie siedzi duży ptak. Mijam samochód. Pod samochodem siedzi kot. Mijam supermarket. Mój dom jest niedaleko. Znajduje się za supermarketem. Docieram do domu. Koło mojego domu rośnie dużo kwiatów. Podchodzę do drzwi. Otwieram drzwi i wchodzę do środka.

I leave university at three o'clock. I go back on foot. I walk past some shops. I walk between a museum and a theater. Then I walk over a bridge. The bridge is located above a lake. I walk through a park. I walk among the trees in the park. A large bird sits in a tree. I walk past a car. A cat sits under the car. I walk past a supermarket. My house is not far. It is located behind the supermarket. I come up to my house. Near my house there are many flowers. I go to the door. I open the door and go inside.

Pytania i odpowiedzi

- O której godzinie wstajesz?
- Wstaję o siódmej rano.
- Czy myjesz rano zęby?
- Tak, zawsze myję zęby rano.
- Czy bierzesz rano prysznic?
- Czasami rano biorę prysznic.
- Czy pijesz rano kawę czy herbatę?
- Zwykle piję kawę.
- Czy pijesz kawę z cukrem?
- Nie, piję kawę bez cukru.
- Ile czasu zajmuje ci śniadanie?
- Zajmuje mi około dwudziestu minut.
- Czy jedziesz na uniwersytet metrem?
- Nie, zwykle dojeżdżam minibusem.
- Czy do przystanku jest daleko?

Questions and Answers

- What time do you get up?
- I get up at seven in the morning.
- Do you brush your teeth in the morning?
- Yes, I brush my teeth every morning.
- Do you take a shower in the morning?
- Sometimes, I take a shower in the morning.
- Do you drink tea or coffee in the morning?
- I usually drink coffee.
- Do you drink coffee with sugar?
- No, I drink coffee without sugar.
- For how long do you eat breakfast?
- It takes me twenty minutes.
- Do you go to university by subway?
- No, I usually get there by bus.
- Is it a long walk to the stop?

- Nie, przystanek jest niedaleko.

- Ile kosztuje przejazd?

- Przejazd kosztuje trzy euro.

- Ile przystanków mijasz po drodze?

- Wysiadam na piątym przystanku.

- Czy zajmuje ci to dużo czasu?

- Docieram na uniwersytet po około dwudziestu minutach.

- Czy wracasz też do domu minibusem?

- Nie, wracam do domu pieszo.

- Czy idziesz wzdłuż ulicy?

- Najpierw idę ulicą koło sklepów, a potem idę przez park.

- Gdzie jest twój dom?

- Dom znajduje się za supermarketem.

- Czy koło twojego domu rosną kwiaty?

- Koło mojego domu jest dużo kwiatów.

- No, the bus stop is not far.

- How much is the bus fare?

- The fare costs three euros.

- How many stops are there on your way?

- I get off the bus at the fifth stop.

- Does it take you a long time?

- I arrive at the university after about twenty minutes.

- Do you go back by bus too?

- No, I go back on foot.

- Do you always walk on the streets?

- First, I walk down the street past the shops, and then walk through the park.

- Where is your house?

- It is located behind the supermarket.

- Do flowers grow near your house?

- There are many flowers near my house.

9

Lubię chodzić do kina

I like going to the movies

A

Słówka

1. autobus - bus
2. autobusowy - bus (adj.)
3. bilet - ticket
4. brzeg - shore
5. ciemno - dark
6. coś - something
7. dalej - further
8. deser - dessert
9. droga - road, path , way
10. film - film
11. garnek - saucepan
12. gra - game
13. grzać - to warm (up)
14. hamburger - hamburger
15. jeść obiad - to have lunch
16. kelner - waiter

17. komedia - comedy

18. kupować - to buy

19. lody - ice cream

20. mikrofalówka - microwave

21. milcząco, w ciszy, po cichu - without speaking, silently

22. naprzeciw - in front of

23. obiad - lunch

24. omawiać, rozmawiać o czymś - to discuss

25. piątek - Friday

26. piętnaście - fifteen

27. płacić - to pay

28. płakać - to cry

29. potem - then, later

30. przyjaciółka - (girl)friend

31. razem - together

32. rozgrzać się - to warm up

33. rozmawiać - to talk

34. rzeka - river

35. samochodowy - automobile (adj.)

36. sięgnąć - to get, to reach, to take something out

37. słodki - sweet

38. smaczny, pyszny - tasty, delicious

39. śmiać się - to laugh

40. śmieszny - funny

41. spacerować - to take a walk

42. spotkać - to meet

43. straszny, groźny - scary

44. sypać - to pour (something loose)

45. szybko - quickly

46. trzynaście - thirteen

47. ubierać się - to get dressed

48. wrzeć - to boil

49. zaczynać - to start

50. zamawiać - to order

51. żegnać się - to say goodbye

52. zupa - soup

B

Zwykle wracam do domu o trzeciej. Idę do mojego pokoju. Stawiam torbę na stole.

Idę do ubikacji. Potem idę do łazienki. Myję ręce i twarz. Czasami biorę prysznic. Potem jem obiad. Zwykle jem na obiad zupę. Wyjmuję garnek zupy z lodówki. Stawiam garnek na kuchence. Kiedy zupa jest gorąca, nalewam ją sobie do miski. Biorę łyżkę i jem zupę. Do zupy jem też chleb. Podchodzę do szafki kuchennej. Biorę nóż z szafki. Kroję

I usually come home at three o'clock. I go to my room. I put my bag on the table.

I go to the toilet. Then I go to the bathroom. I wash my hands and my face. Sometimes I might take a shower. Then I go have lunch. For lunch I usually eat soup. I take a pot of soup from the refrigerator. I put the pot on the stove. When the soup is hot, I pour it into a bowl for myself. I take a spoon and eat the soup. Along with the soup, I also eat

sobie kilka kromek chleba. Czasami jem pizzę. Moja mama piecze dobrą pizzę. Odkrawam sobie kawałek pizzy. Potem podgrzewam go w mikrofalówce. Po obiedzie jem coś słodkiego. Jem ciasto. Ciasto jest pyszne. Do ciasta piję herbatę. Stawiam czajnik na kuchence. Woda wrze. Parzę sobie czarną herbatę. Nalewam herbaty do kubka i sypię dwie łyżeczki cukru. Mój kot też przychodzi na obiad. Nalewam mu trochę mleka. Po obiedzie idę grać na komputerze. Komputer jest w moim pokoju. Mam dużo gier komputerowych. Gram na komputerze przez godzinę.

Lubię chodzić do kina. W każdy piątek chodzę z przyjaciółmi do kina. Dzisiaj też idziemy. Film zaczyna się za dwie godziny. Idę do łazienki i biorę prysznic. Potem idę do pokoju. Ubieram się i wychodzę do kina. Wychodzę z domu. Koło naszego domu stoi czerwony samochód. To samochód mojej mamy. Idę ulicą. Mijam supermarket. Docieram do przystanku. Przystanek jest naprawdę blisko. Stoję na przystanku. Żeby dotrzeć do kina, potrzebuję autobusu numer trzynaście. Czekam przez pięć minut. Podjeżdża autobus numer trzynaście. Wsiadam do autobusu. Płacę za bilet. W autobusie jest dużo wolnych miejsc. Siadam przy oknie. Po trzech przystankach wysiadam. Jazda zajmuje mi około piętnastu minut. Idę przez park. Droga do kina zajmuje mi dziesięć minut. Po drodze spotykam moich przyjaciół Toma i Sarę.

Wchodzimy do kina. Kupuję bilety na bardzo śmieszną komedię. Wchodzimy do sali i siadamy na miejscach. W sali jest dużo ludzi. Przez cały czas się śmiejemy. Po filmie Tom, Sara i ja idziemy do kawiarni. Przechodzimy przez jezdnię. W naszą stronę idzie mężczyzna z psem. Pies jest wielki i groźny. Szybko go mijamy. Przechodzimy koło muzeum. Potem przechodzimy przez most.

bread. I go to the kitchen cabinet. Then I take a knife from the kitchen cabinet. I cut a few slices of bread. Sometimes, I eat pizza. My mom bakes good pizza. I slice a piece of pizza. Then I heat it in the microwave. After lunch, I can eat something sweet. I eat cake. The cake is delicious. I also drink tea with the cake. I put the kettle on the stove. The kettle boils. I brew black tea for myself. I pour some tea and two teaspoons of sugar into a cup. My cat also comes for dinner. I pour him some milk. I go to play on the computer after lunch. The computer is in my room. I have a lot of computer games. I play on the computer for an hour.

I like going to the movies. I go with my friends to the movies every Friday. Today we will go as well. The movie begins in two hours. I go to the bathroom to take a shower. Then I go to my room. I get dressed and go to the movies. I leave the house. There is a red car standing near our house. This is my mom's car. I walk down the street. I pass by the supermarket. I come up to the bus stop. I wait at the bus stop. To get to the theater, I need bus number thirteen. I wait for the bus for five minutes. Bus number thirteen pulls in. I get in the bus. I pay the fare. The bus has a lot of empty seats. I sit by the window. After three stops, I get off the bus. It takes me about fifteen minutes. I walk through the park. It takes ten minutes to get to the theater. Along the way, I meet my friends Tom and Sarah.

We go inside the cinema. I buy tickets for a very funny comedy. We go into the hall and sit down in our seats. In the hall, there are a lot of people. We laugh the whole time. After the movie, Tom, Sarah and I and go to a cafe. We cross the road. A man with a dog comes towards us. The dog is big and scary. We pass quickly. Then we pass by a museum. Then we go over the bridge. The bridge is over the river. We see the cafe by

Most znajduje się nad rzeką. Widzimy kawiarnię nad rzeką. W kawiarni nie ma dużo ludzi. Podchodzi do nas kelner. Sara zamawia lody. Tom i ja zamawiamy po hamburgerze. Rozmawiamy o filmie i śmiejemy się. Na zewnątrz jest już ciemno. Będziemy iść do domu. Żegnamy się. Sara i Tom mieszkają blisko. Idą do domu pieszo. Ja idę na przystanek.

the river. The cafe doesn't have many people. A waiter approaches us. Sarah orders ice cream. Tom and I each order a hamburger. We discuss the movie and laugh. It's already dark outside. We leave the cafe. We're going to go home. We say goodbye. Sarah and Tom live nearby. They go home on foot. I walk to the bus stop.

C

Pytania i odpowiedzi

- O której godzinie wracasz z uniwersytetu?
- Wracam do domu o trzeciej.
- Czy po powrocie bierzesz prysznic?
- Czasami biorę prysznic.
- Co robisz potem?
- Potem jem obiad.
- Co jesz na obiad?
- Zwykle jem zupę albo pizzę.
- Czy sam robisz sobie jedzenie?
- Nie, mama robi je dla mnie.
- Czy po obiedzie pijesz herbatę?
- Tak, piję herbatę do ciasta.
- Jaką herbatę pijesz?
- Parzę sobie czarną herbatę.
- Ile cukru dodajesz do herbaty?
- Dodaję dwie łyżeczki cukru.
- Co robisz potem?
- Potem gram na komputerze.

Questions and Answers

- What time do you come from university?
- I come at three o'clock.
- Do you take a shower when you come?
- I take a shower sometimes.
- What do you do then?
- Then I have lunch.
- What do you eat for lunch?
- I usually eat soup or pizza.
- Do you make the food yourself?
- No, my mother prepares it for me.
- Do you drink tea after lunch?
- Yes, I drink tea with cake.
- What kind of tea do you drink?
- I brew black tea for myself.
- How much sugar do you put in the tea?
- I put in two teaspoons of sugar.
- What do you do then?
- Then I play on the computer.

- Czy lubisz chodzić do kina?	- Do you like going to the movies?
- Tak, uwielbiam chodzić do kina.	- Yes, I love going to the movies.
- Czy chodzisz do kina sam?	- Do you go to the movies alone?
- Nie, chodzę z przyjaciółmi.	- No, I go with my friends.
- Czy często chodzisz do kina?	- Do you go to the movies often?
- Chodzę do kina w każdy piątek.	- I go to the movies every Friday.
- Jakim autobusem jedziesz do kina?	- What bus do you take to the cinema?
- Jadę do kina autobusem numer trzynaście.	- I go to the cinema on bus number thirteen.
- Po ilu przystankach wysiadasz z autobusu?	- After how many stops do you get off the bus?
- Wysiadam z autobusu po trzech przystankach.	- I get off the bus after three stops.
- Ile trwa jazda autobusem?	- How long do you ride the bus?
- Zajmuje mi to około piętnastu minut.	- It takes me about fifteen minutes.
- Jak długo idziesz przez park do kina?	- For how long do you go through the park to the cinema?
- Idę przez park do kina przez około dziesięć minut.	- I walk through the park to the theater for ten minutes.
- Kogo spotykasz po drodze?	- Whom do you meet along the way?
- Po drodze spotykam moich przyjaciół, Toma i Sarę.	- On the way, I meet my friends Tom and Sarah.
- Kto kupuje bilety?	- Who buys the tickets?
- Ja kupuję bilety.	- I buy the tickets.
- Czy kupujesz bilety na komedię czy na film kryminalny?	- Do you buy tickets for a comedy or detective movie?
- Kupuję bilety na bardzo śmieszną komedię.	- I buy tickets for a very funny comedy.
- Czy w sali jest dużo ludzi?	- Are there a lot of people in the hall?
- W sali jest dużo ludzi.	- There are a lot of people in the hall.
- Czy podczas filmu śmiejecie się czy płaczecie?	- During the movie, do you laugh or cry?
- Przez cały czas się śmiejemy.	- We laugh the whole time.
- Czy po filmie idziesz do domu?	- After the movie, do you go home?
- Czasami spaceruję albo idę do kawiarni.	- Sometimes I walk around or I go to a cafe.

- Z kim idziesz do kawiarni po filmie?

- Po filmie idę do kawiarni z Tomem i Sarą.

- Kto idzie w waszą stronę?

- W naszą stronę idzie mężczyzna z psem.

- Gdzie jest kawiarnia?

- Kawiarnia znajduje się nad brzegiem rzeki.

- Co zamawiacie?

- Sara zamawia lody. Tom i ja zamawiamy po hamburgerze.

- Czy jecie w ciszy czy rozmawiacie?

- Rozmawiamy o filmie i śmiejemy się.

- Czy po kawiarni idziecie razem do domu?

- Sara i Tom idą do domu pieszo. Ja idę na przystanek autobusowy.

- With whom do you go to the cafe after the movie?

- After the movie, Tom, Sarah and I and go to the cafe.

- Who comes towards you?

- A man with a dog comes towards us.

- Where is the cafe?

- The cafe is located on the bank of the river.

- What do you order?

- Sarah orders ice cream. Tom and I each order a hamburger.

- Do you eat in silence or do you talk?

- We discuss the movie and laugh.

- After the cafe, do you go home together?

- Sarah and Tom go home on foot. I walk to the bus stop.

10

Jack chce zostać prawnikiem
Jack wants to be a lawyer

A

Słówka

1. alkoholowy - alcoholic
2. autostrada - highway
3. bagaż - baggage
4. bankowy - bank (adj)
5. bar - bar
6. centrum - center
7. dać - to give
8. dane - data, information
9. dawać - to give
10. dlaczego - why
11. dokąd - where to
12. dostać - to get (something)
13. duży pokój - living room
14. dworzec - station
15. działka, parcela - area, site
16. fontanna - fountain
17. fotografować, robić zdjęcia - to take photos/pictures
18. gotówka - cash
19. hotel - hotel

20. informacyjny - information (adj.), referential (adj.)
21. jednoosobowy, pojedynczy - single, with space for one person
22. kasjer - cashier, teller
23. kiedyś - sometime, some day
24. kierowca - driver
25. klucz - key
26. kontynuować - to continue
27. korek - traffic jam
28. kupić - to buy
29. lecieć - to fly
30. lot - flight
31. lotnisko - airport
32. mapa - map
33. mieszkanie - apartment, flat
34. napój - drink
35. niedługo - soon
36. niedrogi - inexpensive
37. nieduży - not big
38. nigdy - never
39. odmawiać - to refuse
40. opowiedzieć - to tell
41. osiemset - eight hundred
42. palić się, płonąć - to burn
43. paszport - passport
44. pieniądze - money
45. plac - (city) square
46. pokazać - to show
47. policjant - policeman
48. połowa - half
49. pomnik - memorial, monument
50. potrzebny, niezbędny - necessary
51. prawnik - lawyer
52. prosić - to ask
53. prowadzić - to lead, to drive
54. przedmieście - suburb
55. pytać - to ask
56. restauracja - restaurant
57. robotnik, pracownik - worker
58. rzecz, przedmiot - thing
59. samolot - airplane
60. sklep spożywczy - grocery (adj.)
61. smaczny - tasty
62. światła drogowe - traffic lights
63. sypialny - sleep (adj.)
64. taksówka - taxi
65. transport - transport
66. wagon - wagon, carriage
67. wokół, dookoła - around
68. wołać - to call
69. wstawać - to wake up
70. wyglądać - to look (like)
71. wyjeżdżać - to drive out
72. wyjście - exit
73. zabierać - to pick up, to take away
74. zanosić, przynosić - to bring, to carry
75. zgadzać się - to agree

B

Dzisiaj przyjeżdża mój przyjaciel Jack. Ma przylecieć samolotem. Będzie na lotnisku o dziewiątej rano. Mam go tam spotkać. Wstaję, ubieram się. Potem idę do kuchni, żeby zjeść śniadanie. Dzwonię po taksówkę. Taksówka przyjeżdża po piętnastu minutach. Wsiadam do samochodu. Jadę na lotnisko taksówką. Lotnisko leży na przedmieściu. Jedziemy przez miasto. W mieście są korki drogowe. Jazda zajmuje dużo czasu. Potem wyjeżdżamy z miasta. Taksówka jedzie autostradą. Dojazd na lotnisko zajmuje godzinę. Dojeżdżamy do lotniska. Płacę taksówkarzowi za przejazd. Jest wpół do dziewiątej. Jack ma przylecieć lotem numer osiemset piętnaście. Pytam w punkcie informacyjnym gdzie jest wyjście dla lotu osiemset piętnaście. Czekam na samolot Jacka. Samolot ląduje. Widzę Jacka. Zbieramy jego bagaż. Wsiadamy do taksówki koło lotniska. Potem jedziemy do hotelu. Jack będzie mieszkał w hotelu. Jack nie ma dużo pieniędzy. Znam dobry i niedrogi hotel. Znajduje się on blisko mojego domu. Jack idzie do hotelu. Podchodzi do pracowników. Jack chce zarezerwować pokój jednoosobowy. Pracownik hotelu prosi Jacka o paszport. Jack podaje swój paszport. Recepcjonista wprowadza jego dane do komputera. Jack płaci za pokój kartą kredytową. Pracownik hotelu prowadzi Jacka do jego pokoju i daje mu klucze. Pokój jest mały, ale przytulny. Składa się z kuchni, łazienki, dużego pokoju i sypialni.

Jack przyjechał do miasta, żeby studiować na uniwersytecie. Chce zostać prawnikiem. Jack prosi, żebym pokazał mu miasto. Zgadzam się. Wychodzimy na ulicę. Pogoda jest ładna. Idziemy na stację metra. Jack jeszcze nigdy nie jechał metrem. Bilet do metra kosztuje dwa euro. Wsiadamy do wagonu. Jedziemy do

Today my friend Jack is coming. He should arrive by plane. He will be at the airport at nine in the morning. I have to meet him there. I wake up, get dressed. Then I go to the kitchen for breakfast. I call a taxi. A taxi arrives in fifteen minutes. I get in the car. I go to the airport by taxi. The airport is located in the suburbs. I'm going through the city. There are traffic jams in the city. Driving takes a lot of time. Then I go out of the town. Taxi travels on a highway. It takes an hour to get to the airport. I drive up to the airport. Then I pay the fare to the taxi driver. It's eight thirty. Jack arrives on flight number eight hundred and fifteen. I ask at the information desk, where the exit for flight eight hundred and fifteen is. I'm waiting for Jack's plane. The plane lands. I see Jack. We pick up his luggage. We get in a taxi near the airport. Then we go to a hotel. Jack will stay at a hotel. Jack does not have a lot of money. I know a good and cheap hotel. It is close to my house. We drive up to the hotel. Jack approaches the hotel. He goes up to the hotel staff. Jack wants a single room. A hotel worker asks Jack to give his passport. Jack gives his passport. The desk clerk enters his data into a computer. Jack pays for the room by credit card. A hotel employee leads Jack to his room and gives him the keys. His room is small but cozy. It has a kitchen, bathroom, living room and bedroom.

Jack came to the city to study at university. He wants to be a lawyer. Jack asks me to show him the city. I agree. We go out into the street. The weather is good outside. We go to the metro station. Jack has never ridden the subway. A metro ticket costs two euros. Then we get into a subway car. We are going to the city

centrum. Jazda zajmuje nam dwadzieścia pięć minut. W centrum miasta jest duży plac i pomnik. Pomnik jest duży i piękny. Wokół pomnika jest dużo ludzi. Robią zdjęcia. Jest tam też duża fontanna. Koło fontanny siedzi dużo ludzi. Idziemy dalej. Pokazuję Jackowi sklepy. Można tam kupić wszystkie potrzebne rzeczy. Są tu sklepy spożywcze, odzieżowe i inne. Potem prowadzę Jacka na jego uniwersytet. Mijamy komisariat policji. Musimy przejść przez jezdnię. Pali się czerwone światło. Musimy poczekać. Zapala się zielone światło. Przechodzimy przez jezdnię. Po drodze pokazuję Jackowi kawiarnie i restauracje, w których można dobrze zjeść. Mijamy bar. W barze jest dużo napojów alkoholowych.

center. The ride there takes us twenty-five minutes. In the center of the city, there is a large square and a monument. The monument is big and beautiful. There are a lot of people around the monument. They are taking photos. There is also a large fountain. A lot of people seat near the fountain. We go farther. I show Jack shops. You can buy everything you need there. There are grocery stores, clothing stores and other shops. Then I lead Jack to his university. We pass by the police station. We need to cross the street. The traffic light is red. We wait. The light turns green. We cross the street. Along the way I show Jack cafes and restaurants where you can eat well. We pass by a bar. There are a lot of alcoholic beverages in the bar.

Pytania i odpowiedzi

- Kto dzisiaj przyjeżdża?

- Dzisiaj przyjeżdża mój przyjaciel Jack.

- Jakim środkiem transportu on przyjeżdża?

- On ma przylecieć samolotem.

- O której godzinie przylatuje?

- Ma być na lotnisku o dziewiątej rano.

- Czy zamierasz go spotkać?

- Tak, muszę go spotkać.

- Dokąd idziesz na śniadanie?

- Idę na śniadanie do kuchni.

- Czy pojedziesz na lotnisko autobusem, czy zadzwonisz po taksówkę?

- Zadzwonię po taksówkę.

Questions and Answers

- Who is coming today?

- Today my friend Jack is arriving.

- What transport is he supposed to arrive on?

- He is supposed to come by airplane.

- At what time is he arriving?

- At nine in the morning he will be at the airport.

- Are you going to meet him?

- Yes, I have to meet him.

- Where do you go for breakfast?

- I go to the kitchen for breakfast.

- Will you go to the airport by bus or will you call a taxi?

- I will call a taxi.

- Jak szybko przyjeżdża taksówka?
- Taksówka przyjeżdża po piętnastu minutach.
- Gdzie jest lotnisko?
- Lotnisko znajduje się na przedmieściu.
- Czy w mieście są korki drogowe?
- Tak, w mieście są korki.
- Jak dużo czasu zajmuje dojazd na lotnisko?
- Dojazd na lotnisko zajmuje godzinę.
- Którym lotem przylatuje Jack?
- Jack przylatuje lotem numer osiemset piętnaście.
- O co pytasz w punkcie informacyjnym?
- Pytam, gdzie jest wyjście dla lotu osiemset piętnaście.
- Co robisz na lotnisku?
- Czekam na samolot Jacka.
- Czy ty i Jack idziecie do kawiarni?
- Nie, zbieramy jego bagaż.
- Czy idziecie na przystanek autobusowy?
- Nie, wsiadamy do taksówki koło lotniska.
- Dokąd jedziecie?
- Jedziemy do hotelu.
- Czy Jack będzie mieszkał w hotelu, czy w mieszkaniu?
- Jack będzie mieszkał w hotelu.
- Czy Jack ma dużo pieniędzy?
- Nie, Jack nie ma dużo pieniędzy.
- Czy pomożesz Jackowi znaleźć niedrogi hotel?
- Tak, znam dobry i niedrogi hotel.
- Czy powiesz, gdzie on się znajduje?
- Jest blisko mojego domu.

- How soon does the taxi arrive?
- The taxi arrives in fifteen minutes.
- Where is the airport?
- The airport is located in the suburbs.
- Are there traffic jams in the city?
- Yes, there are traffic jams in the city.
- How long does it take to get to the airport?
- It takes an hour to get to the airport.
- Which flight does Jack arrive on?
- Jack arrives on flight eight hundred and fifteen.
- What do you ask at the help desk?
- I ask at the help desk where the exit for flight eight hundred and fifteen will be.
- What are you doing at the airport?
- I'm waiting for Jack's plane.
- Do you and Jack go to a cafe?
- No, we pick up his luggage.
- Do you go to a bus stop?
- No, we get in a taxi near the airport.
- Where are you going?
- We're going to a hotel.
- Will Jack stay in a hotel or an apartment?
- Jack will live at a hotel.
- Does Jack have a lot of money?
- No, Jack does not have a lot of money.
- Will you help Jack find a cheap hotel?
- Yes, I know a good and cheap hotel.
- Will you say where it is?
- It is near my house.

- Czy jedziecie do twojego domu, czy do hotelu?
- Jedziemy do hotelu.
- Dokąd idzie Jack?
- Jack wchodzi do hotelu.
- Do kogo podchodzi?
- Podchodzi do pracownika hotelu.
- Jakiego pokoju szuka Jack?
- Jack chce wynająć pokój jednoosobowy.
- O co prosi Jacka pracownik hotelu?
- Pracownik hotelu prosi, żeby Jack podał mu swój paszport.
- Czy Jack daje mu swój paszport?
- Tak, Jack daje swój paszport.
- Kto wprowadza jego dane do komputera?
- Recepcjonista wprowadza jego dane do komputera.
- Czy Jack płaci za pokój gotówką?
- Nie, Jack płaci za pokój kartą kredytową.
- Czy Jack dostaje klucze od recepcjonisty i idzie do pokoju?
- Nie, pracownik hotelu prowadzi Jacka do jego pokoju i daje mu klucze.
- Czy pokój jest duży czy mały?
- Pokój jest mały, ale przytulny.
- Czy w pokoju jest kuchnia?
- Tak, jest tam kuchnia, łazienka, duży pokój i sypialnia.
- Dlaczego Jack przyjechał do miasta?
- Jack przyjechał do miasta, żeby studiować na uniwersytecie.
- Kim chce zostać?

- Do you drive up to your house or the hotel?
- We drive up to the hotel.
- Where does Jack go?
- Jack enters the hotel.
- Whom does he approach?
- He approaches a hotel employee.
- What kind of room does Jack want?
- Jack wants a single room.
- What does the hotel worker ask Jack?
- The employee of the hotel asks Jack to give his passport.
- Does Jack give his passport?
- Yes, Jack gives his passport.
- Who puts his data into the computer?
- The desk clerk enters his data into a computer.
- Does Jack pay for the room in cash?
- No, Jack pays for the room by credit card.
- Does Jack receive the keys from the cashier and then go into the room?
- No, the hotel worker leads Jack to his room and gives him the keys.
- Is his room is big or small?
- His room is small but cozy.
- Is there a kitchen in his room?
- Yes, it has a kitchen, bathroom, living room and bedroom.
- Why did Jack come to the city?
- Jack came to the city to study at university.
- What does he want to become?

- Chce zostać prawnikiem.
- O co Jack cię prosi?
- Jack prosi, żebym pokazał mu miasto.
- Zgadzasz się czy odmawiasz?
- Zgadzam się.
- Dokąd idziecie?
- Wychodzimy na zewnątrz.
- Jaka jest pogoda na zewnątrz?
- Na zewnątrz jest ładna pogoda.
- Dokąd idziecie?
- Idziemy na stację metra.
- Czy Jack jechał już metrem?
- Jack jeszcze nigdy nie jechał metrem.
- Ile kosztuje bilet?
- Bilet kosztuje dwa euro.
- Dokąd jedziecie?
- Jedziemy do centrum miasta.
- Ile trwa jazda?
- Jazda trwa dwadzieścia pięć minut.
- Co jest w centrum miasta?
- W centrum miasta jest duży plac i pomnik.
- Jaki jest ten pomnik?
- Pomnik jest duży i piękny.
- Jak dużo ludzi jest wokół pomnika?
- Wokół pomnika jest dużo ludzi.
- Co oni robią?
- Robią zdjęcia.
- Co jeszcze jest na placu?
- Jest też duża fontanna.
- Czy koło fontanny jest dużo czy mało ludzi?

- He wants to become a lawyer.
- What does Jack ask you for?
- Jack asks me to show him the city.
- Do you agree or refuse?
- I agree.
- Where do you go?
- We go outside.
- What's the weather like outside?
- Outside the weather is good.
- Where do you go?
- We go to the subway station.
- Has Jack ever ridden a subway?
- Jack has never ridden a subway.
- How much is the fare on the subway?
- The subway fare costs two euros.
- Where are you going?
- We're going to the city center.
- How much time does the ride there take?
- The ride there takes us twenty-five minutes.
- What is in the city center?
- There is a large square and a monument in the center.
- What is the monument like?
- The monument is big and beautiful.
- How many people are there around the monument?
- There are a lot of people around the monument.
- What are they doing?
- They are taking pictures.
- What else is there?
- There is also a large fountain.
- Are there many or few people at the fountain?

- Koło fontanny siedzi dużo ludzi.
- Co jeszcze pokazujesz Jackowi?
- Pokazuję mu sklepy.
- Czy można tu kupić wszelkie potrzebne rzeczy?
- Można tu kupić wszystko, czego się potrzebuje.
- Jakie sklepy są tutaj?
- Sklepy spożywcze, odzieżowe i inne.
- Dokąd prowadzisz Jacka?
- Prowadzę Jacka na jego uniwersytet.
- Koło jakiego budynku przechodzicie?
- Przechodzimy koło komisariatu policji.
- Czy musicie przejść przez jezdnię?
- Tak, musimy przejść przez jezdnię.
- Jakie światło pali się na przejściu?
- Na przejściu pali się czerwone światło.
- Czy przechodzicie na czerwonym świetle, czy czekacie na zielone?
- Czekamy, aż zapali się zielone światło.
- Czy przechodzicie przez jezdnię, czy stoicie w miejscu?
- Przechodzimy przez jezdnię.
- Czy pokazujesz Jackowi, gdzie można coś zjeść?
- Tak, po drodze pokazuję Jackowi kawiarnie i restauracje, w których można coś zjeść.
- Jakie miejsce mijacie?
- Mijamy bar.
- Czy w barze jest dużo czy mało napojów alkoholowych?
- W barze jest dużo napojów alkoholowych.

- A lot of people are sitting at the fountain.
- What else do you show Jack?
- I show Jack shops.
- Can you buy all necessary things there?
- You can buy everything you need there.
- What kind of shops are there?
- There are grocery stores, clothing stores and other shops.
- Where do you lead Jack?
- I lead Jack to his university.
- What kind of building do you go past?
- We go past a police station.
- Do you need to cross the road?
- Yes, we need to cross the road.
- What kind of light is lit at the traffic lights?
- There is a red light at the traffic lights.
- Do you walk on a red light or wait for a green light?
- We are waiting for the green light to light up.
- Do you cross the road or continue to stand?
- We cross the road.
- Do you show Jack where you can eat?
- Yes, on the way, I show Jack cafes and restaurants where you can eat.
- What kind of place do you pass?
- We pass a bar.
- Are there many or few alcoholic beverages in the bar?
- There are a lot alcoholic beverages in the bar.

11

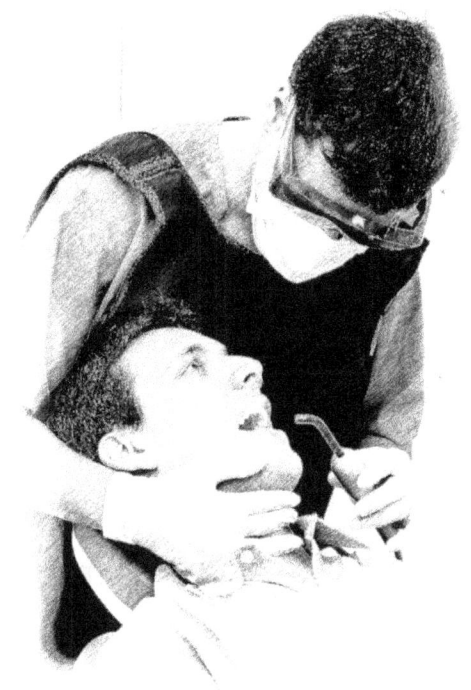

Jack jest chory
Jack is sick

A

Słówka

1. apteka - drugstore
2. biblioteka - library
3. bo , ponieważ - because
4. być chorym - to be sick
5. być leczonym , leczyć się - to get treated
6. cena , koszt - value , price
7. ciepły - warm
8. chwytać - to grab
9. czuć - to feel
10. dentysta - dentist
11. dlatego - so , because of this
12. doradca - consultant
13. drogi - expensive

14. dzień - day
15. dziewiętnaście - nineteen
16. góra - hill , mountain
17. klinika - clinic
18. leczenie - treatment
19. lepiej - better
20. oddawać - to give in , return
21. plaża - beach
22. pływać - to swim
23. pociąg - train
24. prać - to wash
25. pralnia - laundromat , launderette
26. proponować - to suggest , to offer
27. propozycja - suggestion
28. raz (jeden raz , dwa razy itd.) - time(s) (one time, two times etc.)
29. ruszać się - to move
30. starczać - to be enough
31. student - university student
32. szukać - to search , to look for
33. teatr - theater
34. technologia - technology
35. tu , tutaj (kierunek) - here (direction)
36. tunel - tunnel
37. tydzień - week
38. ubezpieczenie - insurance
39. uczeń - student , pupil
40. wzornictwo , design - design
41. ząb - tooth
42. zatrudnienie - employment , job
43. zieleń - greenery
44. ziemia - earth , ground , soil
45. zostać - to become
46. żywność , produkty spożywcze - products , food

B

Jack jest studentem. Ma dziewiętnaście lat. Studiuje na Uniwersytecie Technologii i Wzornictwa. Może dojechać na uniwersytet autobusem lub metrem. Jack zwykle jedzie metrem. Bilet kosztuje dwa euro. Jedzie metrem przez około dwadzieścia minut. Metro najpierw jedzie pod ziemią, a potem przejeżdża po moście nad rzeką.

Jack zwykle nie robi sobie sam jedzenia. W naszym mieście restauracje są drogie, więc Jack zwykle je w kawiarni. Chodzi też do supermarketu, żeby kupić produkty

Jack is a college student. He is nineteen. He is studying at the University of Technology and Design. He can get to the university by bus or subway. Jack usually goes by subway. The fare is two euros. He rides the subway for about twenty minutes. The subway train moves underground at first, and afterwards, it goes on the bridge over the river.

Jack usually does not prepare food himself. In our city restaurants are expensive, so Jack usually eats in a cafe. He also goes to the supermarket to buy food.

spożywcze.

Jack idzie do pralni, żeby wyprać swoje ubrania. Jack nie ma pralki w pokoju. Oddaje brudne ubrania do pralni.

Jack lubi to miasto. Zawsze chciał mieszkać w dużym mieście. Miasto jest piękne. Leży na brzegach rzeki. W mieście jest wiele ciekawych miejsc. Przyjeżdża tu dużo turystów.

Jack jest chory. Boli go ząb. Jack idzie do kliniki. Jack idzie do dentysty. Jest ubezpieczony, więc płaci połowę kosztów leczenia. Po zabiegu Jack czuje się lepiej. Jedzie na uniwersytet i czuje się dobrze.

Jack często chodzi po mieście. Chodzi do parku. Podoba mu się, że w mieście jest dużo zieleni. Miasto jest czyste. Pogoda jest ciepła. Jack czasami chodzi na plażę nad rzeką. Umie dobrze pływać. Chodzi też do kina, muzeów i teatrów z przyjaciółmi. Jack lubi to miasto. Jack lubi też czytać. Co tydzień chodzi do biblioteki. Lubi powieści kryminalne. Codziennie czyta książki.

Jackowi brakuje pieniędzy. Chce znaleźć pracę. Idzie do biura pośrednictwa pracy. Chce pracować trzy razy w tygodniu. Dostaje propozycję pracy jako doradca w supermarkecie. Jack przyjmuje propozycję.

Jack goes to the laundromat to wash his clothes. Jack has no washing machine in his room. He gives dirty clothes to the laundromat.

Jack likes this city. He always wanted to live in a big city. The city is beautiful. It is located on the banks of the river. The city has many places of interest. A lot of tourists come here.

Jack is sick. He has a toothache. He goes to the clinic. Jack goes to the dentist. He has insurance, so he pays half the cost of treatment. After the treatment, Jack gets better. He goes to university and feels good.

Jack walks around the city often. He walks to the park. He likes that there is a lot of greenery in this city. The city is clean. The weather is warm. Jack sometimes goes to the beach at the river. He swims well. He also goes to the movies, museums and theaters with his friends. Jack likes this city. Jack also likes to read. Every week he goes to the library. He likes detective stories. He reads books every day.

Jack does not have enough money. He wants to find a job. He goes to the employment center. He wants to work three times a week. He is offered a job as a supermarket consultant. Jack agrees.

Pytania i odpowiedzi

- Czy Jack jest uczniem liceum, czy studentem?
- Jak jest studentem.
- Ile ma lat?
- Ma dziewiętnaście lat.

Questions and Answers

- Is Jack a high school or college student?
- Jack is a college student.
- How old is he?
- He is nineteen years old.

- Gdzie studiuje?
- Studiuje na Uniwersytecie Technologii i Wzornictwa.
- Jak dojeżdża na uniwersytet?
- Może dojechać na uniwersytet autobusem lub metrem. Zwykle jeździ metrem.
- Ile kosztuje przejazd metrem?
- Bilet kosztuje dwa euro.
- Jak długo Jack jedzie metrem?
- Jedzie metrem przez około dwadzieścia minut.
- Czy metro przez cały czas jedzie w tunelu pod ziemią?
- Metro najpierw jedzie pod ziemią, potem przejeżdża nad rzeką po moście.
- Czy Jack sam gotuje sobie obiad?
- Nie, Jack zwykle nie przyrządza sobie sam jedzenia.
- Gdzie Jack zwykle je obiad?
- Jack zwykle je w kawiarni.
- Dlaczego Jack nie je w restauracji?
- Bo w naszym mieście restauracje są drogie.
- Czy kupuje też jedzenie w supermarkecie?
- Tak, chodzi też do supermarketu po produkty spożywcze.
- Gdzie Jack pierze swoje ubrania?
- Jack pierze swoje ubrania w pralni.
- Czy Jack lubi to miasto?
- Tak, Jack zawsze chciał mieszkać w dużym mieście.
- Czy miasto leży w górach, czy nad rzeką?
- Miasto jest położone na brzegach rzeki.

- Where does he study?
- He studies at the University of Technology and Design.
- How does he get to the university?
- He can get to the university by bus or subway. Jack usually goes by subway.
- What is the cost of travel on the subway?
- The fare is two euros.
- For how long does he ride on the subway?
- He rides the subway for about twenty minutes.
- Does the subway train ride the whole time in the tunnel underground?
- The subway train moves at first underground, then across the bridge over the river.
- Does Jack cook food for himself?
- No, Jack usually does not prepare food himself.
- Where does Jack usually eat?
- Jack usually eats in a café.
- Why does Jack not eat in a restaurant?
- Because in our city restaurants are expensive.
- Does he buy food at the supermarket?
- Yes, he also goes to the supermarket to buy food.
- Where does Jack wash his clothes?
- Jack washes his clothes in the laundromat.
- Does Jack like this city?
- Yes, Jack always wanted to live in a big city.
- Is the city located in the mountains or by the river?
- The city is located on the banks of the river.

- Czy w mieście są turyści?
- Tak, przyjeżdża tu dużo turystów.
- Dlaczego Jack jest chory?
- Boli go ząb.
- Czy Jack idzie do apteki, czy do kliniki?
- Jack idzie do kliniki. Idzie do lekarza.
- Do jakiego lekarza idzie Jack?
- Jack idzie do dentysty.
- Czy leczenie u dentysty jest drogie?
- Jack jest ubezpieczony, więc płaci tylko połowę kosztów leczenia.
- Jak Jack czuje się po zabiegu?
- Jack czuje się lepiej. Jedzie na uniwersytet i czuje się dobrze.
- Czy Jack lubi chodzić po mieście?
- Tak, Jack często spaceruje po mieście.
- Dokąd Jack chodzi?
- Chodzi do parku. Podoba mu się, że w mieście jest dużo zieleni.
- Czy Jack umie pływać?
- Tak, Jack dobrze pływa. Czasami chodzi na plażę nad rzeką.
- Dokąd Jack chodzi z przyjaciółmi?
- Chodzi do kina, muzeów i teatrów.
- Jak często Jack chodzi do biblioteki?
- Chodzi do biblioteki co tydzień.
- Jakie książki on lubi?
- Lubi powieści kryminalne. Codziennie czyta książki.
- Czy Jack ma dużo pieniędzy?
- Nie, brakuje mu pieniędzy.

- Are there tourists in the city?
- Yes, a lot of tourists come here.
- Why is Jack sick?
- He has a toothache.
- Does he go to the pharmacy or clinic?
- He goes to the clinic. Jack goes to the doctor.
- Which doctor does Jack go to?
- Jack goes to the dentist.
- Is it expensive for Jack to be treated by the dentist?
- He has insurance, so he pays half the cost of treatment.
- How does Jack feel after the treatment?
- Jack gets better. He goes to university and feels good.
- Does Jack like to walk around the city?
- Yes, Jack walks around the city often.
- Where does Jack walk?
- He walks in the park. He likes that in this city there is a lot of greenery.
- Does Jack swim?
- Yes, Jack swims well. He sometimes goes to the beach at the river.
- Where does Jack go with his friends?
- He goes to the movies, museums and theaters.
- How often does Jack go to the library?
- Jack goes to the library every week.
- What kind of books does he like?
- He likes detective stories. He reads books every day.
- Does Jack have a lot of money?
- No, Jack does not have enough money.

- Gdzie Jack szuka pracy?

- Idzie do biura pośrednictwa pracy.

- Ile dni w tygodniu Jack może pracować?

- Jack chce pracować trzy dni w tygodniu.

- Jaką propozycję pracy dostaje?

- Dostaje propozycję pracy jako doradca w supermarkecie.

- Czy Jack przyjmuje czy odrzuca propozycję?

- Jack się zgadza.

- Where does Jack look for a job?

- He goes to the employment center.

- How many days a week can Jack work?

- He wants to work three times a week.

- What kind of job he is offered?

- He was offered a job as a supermarket consultant.

- Does Jack accept the offer or refuse?

- Jack agrees.

12

Jack chce znaleźć sobie nowe mieszkanie
Jack wants to find a new apartment

A

Słówka

1. adres - address
2. agent , przedstawiciel - agent
3. bank - bank
4. cena - price
5. centralny - central
6. chodnik - sidewalk
7. cicho - quietly
8. cichy - quiet
9. decyzja , wybór - decision
10. długo - long , for a long time
11. drugi - second
12. dziecko - child
13. dzwonek - bell , ring
14. gazeta - newspaper
15. głośno - noisily
16. głośny - noisy

17. gospodarz, właściciel - landlord, owner
18. jasno - bright
19. kierunek - direction
20. kiosk - newsstand
21. klatka schodowa - staircase
22. książkowy - book (adj.)
23. ktoś - someone
24. laptop - laptop
25. lokum, mieszkanie - accomodation
26. łóżko - bed
27. meble - furniture
28. miesiąc - month
29. myśleć - to think
30. na zewnątrz - outside
31. niewysoki - not tall
32. od razu, natychmiast, z góry - right away
33. odpowiadać - to answer
34. odpowiedni - suitable, fitting
35. odprowadzać, towarzyszyć - to accompany
36. odrzucić - to refuse
37. ogłoszenie - announcement, ad
38. pierwszy - first
39. piętro - floor, storey
40. podchodzić, zbliżać się - to approach
41. powiedzieć - to tell, to say
42. przeprowadać się - to move (to change address)
43. przytulnie - cozily
44. pukać - to knock
45. skórzany, ze skóry - leather (adj.)
46. sobota - Saturday
47. spędzać czas - to spend (time)
48. spokojnie - calm(ly)
49. spotkać - to meet
50. tak - like this, so
51. tamto - that
52. trzeci - third
53. trzysta - three hundred
54. umówić się - to arrange, to make an appointment
55. wchodzić na górę - to go up, to ascend, to rise
56. wewnątrz - inside
57. winda - elevator
58. wracać - to return
59. wskazany - indicated
60. wskazywać - to indicate
61. wybierać - to choose
62. wyjaśniać - to explain
63. wysoki - high
64. wzdłuż - along
65. zaprosić - to invite
66. zawrzeć umowę - enter into a contract
67. zdecydować - to decide
68. znajdować - to find

B

Dzisiaj jest sobota. Mieszkanie w hotelu przed dłuższy czas jest drogie. Jack chce znaleźć sobie mieszkanie. Kupuje gazetę w kiosku. W gazecie jest dużo ogłoszeń. Jack wchodzi do kawiarni i siada przy stoliku. Zamawia kawę. Siedzi w kawiarni i przegląda gazetę. Znajduje w gazecie ogłoszenia o kilku odpowiednich mieszkaniach. Mają niskie ceny. Jack chce też, żeby mieszkanie było blisko uniwersytetu. Wybiera sobie trzy mieszkania. Jack chce je dzisiaj zobaczyć. Dzwoni pod numery podane w ogłoszeniach. Pierwszy numer nie odpowiada. Później dzwoni pod drugi numer. Odpowiada kobieta. Ma na imię Charlotte. Jest agentką biura nieruchomości. Jack umawia się z nią. Podoba mu się, że mieszkanie leży w centrum miasta. Wsiada do autobusu i jedzie do budynku. Kiedy przyjeżdża, widzi wysoki budynek. Stoi on przy placu centralnym. Jest tu dużo samochodów i ludzi. Jackowi nie podoba się, że jest tu tak głośno. Budynek nie podoba mu się też z zewnątrz. Wygląda staro. Jack wchodzi do budynku. Mieszkanie jest na drugim piętrze. Jack puka do drzwi. Kobieta otwiera drzwi. To Charlotte. Zaprasza Jacka do środka, żeby obejrzał mieszkanie. Jack wchodzi do środka. Mieszkanie jest przestronne, ale stare. Ma duże okna. Są z drewna. W dużym pokoju stoi duży telewizor i kanapa. Jack wchodzi do sypialni. W pokoju stoi duże łóżko. W kącie pokoju stoi stół. Jackowi nie podoba się, że mieszkanie jest ciemne i ma mało mebli. Wygląda pusto. Jack mówi Charlotte, że chce obejrzeć dzisiaj jeszcze jedno mieszkanie i wybrać. Charlotte prosi Jacka, żeby zadzwonił wieczorem i przekazał swoją decyzję. Jack wychodzi z budynku. Dzwoni pod jeszcze jeden numer. Pewien mężczyzna wynajmuje mieszkanie

Today is Saturday. Living in a hotel for a long time is expensive. Jack wants to find an apartment to live in. He buys a newspaper at a kiosk. There are many ads in the newspaper. Jack walks into a cafe and sits down at a table. He orders some coffee. He is sitting in a cafe and looks at the newspaper. He finds a few suitable apartments in the newspaper. Their prices are low. Jack also wants the apartment to be near his university. He chooses three apartments for himself. Jack wants to see them today. He calls the phone numbers listed in the ads. The first number does not answer. Then he calls another number. A woman responds. Her name is Charlotte. She is a real estate agent. He arranges to meet her. Jack likes it that the house is in the center of the city. He gets on the bus and goes to the house. When Jack arrives, he sees a tall house. It is located in the central square. There are a lot of cars and people. Jack did not like the fact that it is so noisy there. He also did not like the house from the outside. It looks old. Jack enters the house. The apartment is on the second floor. He knocks on the door. A woman opens the door. It is Charlotte. She invites Jack to see the apartment. He comes in. The apartment is spacious, but old. There are large windows. They are wooden. The living room has a large TV and a sofa. Jack goes into the bedroom. It has a large bed. In the corner of the room there is a table. Jack did not like the fact that the apartment is dark and has little furniture. It looks empty. Jack tells Charlotte that wants to see another apartment today and decide. Charlotte asks Jack to call in the evening and announce his decision. Jack leaves the house. He calls one more number. A man rents out an apartment nearby. The man's name is Mike. He explains how to get to the house. Jack

niedaleko. Ma na imię Mike. Tłumaczy Jackowi, jak dojść do budynku. Jack zna to miejsce. Idzie na stację metra. Mieszkanie jest blisko parku. Jack wsiada do wagonu. Jedzie metrem przez około dziesięć minut. Wychodzi z metra i idzie chodnikiem wzdłuż jezdni. Nie może znaleźć budynku, ale ma adres. Podchodzi do kobiety z dzieckiem. Pyta ją, jak dojść do budynku. Kobieta zna ten dom. Sama tam mieszka. Pokazuje Jackowi, w którym kierunku ma iść. Budynek znajduje się koło banku. Jack dociera do budynku. Bardzo mu się podoba, że budynek jest koło parku. Dookoła jest cicho i spokojnie. Koło domu jest ogród. Rośnie tam dużo kwiatów. Mieszkanie Mike'a jest na trzecim piętrze. Jack wsiada do windy. Wjeżdża na trzecie piętro. Jack wychodzi z windy. Dzwoni do drzwi. Mężczyzna otwiera drzwi. To Mike. Wchodzi z Jackiem do środka.

W środku jest jasno i wygodnie. W mieszkaniu są nowe meble. W pokoju jest telewizor z dużym ekranem. Jest nowy. W kącie pokoju stoi łóżko. Jack widzi regał z książkami w pokoju. Na regale jest dużo książek. Pośrodku pokoju stoi stół. Koło stołu jest duży fotel. Jest ze skóry. Jack myśli, że mógłby tu postawić swój laptop. Podoba mu się to mieszkanie. Mówi Mike'owi, że chciałby tu mieszkać. Będzie płacił Mike'owi trzysta euro miesięcznie. Zawierają umowę. Jack musi zapłacić z góry za dwa miesiące. Tego samego dnia przenosi wszystkie swoje rzeczy z hotelu.

knows this place. He goes to the subway station. This apartment is located near a park. Jack goes into a subway car. He rides the subway for about ten minutes. He gets out of the subway and walks on the sidewalk along the road. He cannot find the house, but he has the address. He goes to a woman with a child. He asks her how to get to the house. The woman knows this house. She lives there. She points out to Jack the direction in which to go. The house is located near the bank. Jack comes to the house. He really likes that the house is located next to the park. It is quiet and peaceful around the house. Near the house, there is a garden. There are many flowers there. Mike's apartment is on the third floor. Jack goes into the elevator. He goes to the third floor. Jack comes out of the elevator. He rings the bell. A man opens the door. This is Mike. He accompanies Jack inside.

It is bright and comfortable inside. There is new furniture in the apartment. The room has a large-screen TV. It is new. In the corner of the room, there is a bed. Jack sees a bookshelf in the room. There are a lot of books in the bookshelf. In the middle of the room, there is a table. There is a big armchair next to the table. It's made of leather. Jack thinks about putting his laptop there. He likes the house. He tells Mike that he wants to live in this house. He will pay Mike three hundred euros per month. They enter into a contract. Jack has to pay for two months straight. He carries all his belongings out of the hotel on the same day.

C

| **Pytania i odpowiedzi** | **Questions and Answers** |

- Jaki jest dzisiaj dzień?

- Dzisiaj jest sobota.

- Dlaczego Jack chce znaleźć mieszkanie?

- Bo mieszkanie przez dłuższy czas w hotelu jest drogie.

- Co Jack kupuje w kiosku?

- Jack kupuje w kiosku gazetę z ogłoszeniami.

- Czy Jack wraca do hotelu, czy idzie do kawiarni?

- Jack idzie do kawiarni i siada przy stoliku.

- Czy zamawia lody czy kawę?

- Zamawia kawę.

- Co Jack robi w kawiarni?

- Siedzi i czyta gazetę.

- Czy znajduje ogłoszenia o niedrogich mieszkaniach?

- Tak, znajduje w gazecie ogłoszenia o kilku odpowiednich mieszkaniach.

- Gdzie powinno znajdować się mieszkanie?

- Jack chciałby, żeby mieszkanie było blisko jego uniwersytetu.

- Czy Jack wybiera mieszkanie?

- Tak, wybiera trzy mieszkania i chciałby je dzisiaj zobaczyć.

- Z kim umawia się Jack?

- Z agentką biura nieruchomości. Ona ma na imię Charlotte.

- Dlaczego Jack wybiera to mieszkanie?

- What day is it today?

- Today is Saturday.

- Why does Jack want to find an apartment to live in?

- Because living in a hotel for a long time is expensive.

- What does Jack buy at a kiosk?

- At a kiosk, Jack buys a newspaper with classified ads.

- Does Jack return to the hotel, or go to a cafe?

- Jack walks into a cafe and sits down at the table.

- Does he order an ice cream or coffee?

- He orders some coffee.

- What does Jack do in the cafe?

- He's sitting and reading the newspaper.

- Does he find ads for inexpensive apartments?

- Yes, he finds ads for a few suitable apartments in the newspaper.

- Where must the apartment be?

- Jack wants the apartment to be near his university.

- Does Jack choose an apartment?

- Yes, he chooses three apartments and wants to see them today.

- With whom does Jack arrange to meet?

- A real estate agent. Her name is Charlotte.

- Why does Jack choose this house?

- Jackowi podoba się, że budynek jest w centrum miasta.

- Czy Jack idzie do budynku pieszo, czy jedzie autobusem?

- Wsiada do autobusu i jedzie do budynku.

- Gdzie jest budynek?

- Znajduje się przy placu centralnym.

- Czy budynek leży w cichym, czy głośnym miejscu?

- Jest tu dużo samochodów i ludzi. Jackowi nie podoba się, że jest tu tak głośno.

- Czy Jackowi podoba się budynek?

- Nie, budynek nie podoba mu się z zewnątrz. Wygląda staro.

- Na którym piętrze jest mieszkanie?

- Mieszkanie jest na drugim piętrze.

- Kto otwiera drzwi?

- Charlotte otwiera drzwi.

- Czy mieszkanie jest nowe czy stare?

- Mieszkanie jest przestronne, ale stare.

- Czy okna w mieszkaniu są małe czy duże?

- Okna są duże. Są z drewna.

- Co jest w dużym pokoju?

- W dużym pokoju jest duży telewizor i kanapa.

- Czy łóżko w sypialni jest duże?

- Tak, w sypialni jest duże łóżko.

- Czy w pokoju jest stół?

- Stół stoi w kącie pokoju.

- Czy Jackowi podoba się to mieszkanie?

- Niezbyt. Mieszkanie jest ciemne i ma mało mebli.

- Jack likes it that the house is in the center of the city.

- Does Jack go to the house on foot or by bus?

- He gets on the bus and rides to the house.

- Where is the house?

- It is located in the central square.

- Is the house located in a quiet or noisy place?

- There are a lot of cars and people. Jack does not like the fact that it is so noisy there.

- Did Jack like the house?

- No, he does not like the house from the outside. It looks old.

- On what floor is the apartment?

- The apartment is on the second floor.

- Who opens the door?

- Charlotte opens the door.

- Is the apartment new or old?

- The apartment is spacious, but old.

- Are the windows in the apartment small or large?

- The windows are large. They are wooden.

- What is there in the living room?

- The living room has a large TV and a sofa.

- Is the bed in the bedroom big?

- Yes, the bedroom has a large bed.

- Is there a table in the room?

- The table is in the corner of the room.

- Does Jack like the apartment?

- No, not much. The apartment is dark and there is little furniture.

- Czy Jack rezygnuje z tego mieszkania?
- Nie, mówi Charlotte, że chciałby zobaczyć dzisiaj jeszcze jedno mieszkanie i wybrać.
- Czy Jack ogląda więcej mieszkań?
- Tak, dzwoni pod jeszcze jeden numer.
- Jak nazywa się gospodarz?
- Gospodarz ma na imię Mike.
- Czy Jack wie, jak dojechać do budynku?
- Tak, idzie na stację metra. Mieszkanie jest blisko parku.
- Jak długo Jack jedzie metrem?
- Jedzie metrem przez około dziesięć minut.
- Czy od razu znajduje budynek?
- Nie, nie może znaleźć budynku, ale ma adres.
- Czy może kogoś zapytać?
- Tak, podchodzi do kobiety z dzieckiem.
- O co Jack ją pyta?
- Pyta ją, jak dojść do budynku.
- Czy kobieta zna ten budynek?
- Tak, sama tam mieszka. Pokazuje Jackowi kierunek.
- Gdzie jest budynek?
- Budynek znajduje się za bankiem.
- Czy Jackowi podoba się ten dom?
- Tak, podoba mu się, że dom jest koło parku.
- Czy budynek leży w cichym miejscu?
- Tak, dookoła jest cicho i spokojnie.
- Na którym piętrze jest mieszkanie Mike'a?
- Mieszkanie Mike'a jest na trzecim piętrze.
- Czy Jack wchodzi po schodach?

- Does Jack reject this apartment?
- No, he tells Charlotte that he wants to see another apartment today and decide.
- Does Jack look at more apartments?
- Yes, he calls one more number.
- What is the name of the landlord?
- The man is named Mike.
- Does Jack know how to get to the house?
- Yes, he goes to the metro station. This apartment is located near the park.
- How long does Jack ride the subway?
- He rides the subway for about ten minutes.
- Does he immediately find the house?
- No, he cannot find the house, but he has an address.
- Can he ask somebody?
- Yes, he goes by a woman with a child.
- What does Jack ask her?
- He asks her how to get to the house.
- Does the woman know this house?
- Yes, she lives there. She points to Jack the direction in which to go.
- Where is the house?
- The house is located behind the bank.
- Does Jack like the house?
- Yes, he likes that the house is located next to the park.
- Is the house located in a quiet place?
- Yes, it is quiet and peaceful around the house.
- On what floor is Mike's apartment?
- Mike's apartment is on the third floor.
- Does Jack go up the stairs?

- Nie, Jack wsiada do windy. Wjeżdża na trzecie piętro.

- Czy Jack puka do drzwi czy dzwoni dzwonkiem?

- Jack dzwoni do drzwi.

- Czy meble w mieszkaniu są nowe czy stare?

- Meble w mieszkaniu są nowe.

- Czy w pokoju jest telewizor?

- Tak, jest tam duży telewizor. Jest nowy.

- Gdzie jest łóżko w pokoju?

- Łóżko stoi w kącie pokoju.

- Jakie meble są w dużym pokoju?

- W dużym pokoju jest duży regał z książkami, pośrodku stoi stół, a koło niego duży skórzany fotel.

- Czy Jackowi podoba się mieszkanie?

- Tak, mówi Mike'owi, że chciałby tu mieszkać.

- Jak dużo Jack będzie płacił za mieszkanie?

- Będzie płacił Mike'owi trzysta euro miesięcznie.

- Co postanawiają Jack i Mike?

- Zawierają umowę.

- Za jaki okres Jack musi zapłacić z góry?

- Jack musi zapłacić z góry za dwa miesiące.

- Kiedy przeprowadza się z hotelu do mieszkania?

- Tego samego dnia przenosi wszystkie swoje rzeczy z hotelu.

- No, Jack gets in the elevator. He goes to the third floor.

- Does Jack knock on the door or ring the bell?

- He rings the bell.

- Is furniture in the apartment new or old?

- The furniture in the apartment is new.

- Is there a TV in the room?

- Yes, there is a large TV. It is new.

- Where is the bed in the room?

- The bed is in the corner of the room.

- What furniture is in the room?

- There is a large bookcase in the living room, in the middle there is a table, and next to the table there is a big leather chair.

- Does Jack like the apartment?

- Yes, he says to Mike that he wants to live in this house.

- How much will Jack pay for the apartment?

- He will pay Mike three hundred euros per month.

- What does Jack conclude with Mike?

- They enter into a contract.

- For what period Jack must immediately pay?

- Jack has to pay for two months straight.

- When does he move from the hotel to the apartment?

- On the same day, he carries all his belongings out of the hotel.

13

W sklepie

In the store

A

Słówka

1. alejka (w sklepie) , dział - aisle (in a store) , section
2. ananas - pineapple
3. banan - banana
4. brzoskwinia - peach
5. bułka , bułeczka - breadroll , bun
6. bulwar - boulevard
7. butelka - bottle
8. chipsy - (potato) chips
9. cytryna - lemon
10. deszcz - rain
11. działać - to act , to work
12. gotowy - ready , prepared
13. grzyb - mushroom
14. jajko - egg

15. kapusta - cabbage
16. kasa - checkout , cash register
17. kiełbasa - sausage
18. kolejka - line , queue
19. kury , kurczaki - chickens
20. litr - liter
21. makaron , kluski - pasta
22. marchew - carrot(s)
23. mięsny - meat (adj.)
24. mleczny , nabiałowy - dairy , milk (adj.)
25. niedziela - Sunday
26. odżywiać - to nourish
27. ogórek - cucumber
28. opakowanie - packet
29. owoce - fruit
30. paczka - package
31. płacić - to pay
32. polietylenowy , foliowy - polyethylene , plastic (adj.)
33. pomarańcza - orange
34. pomarańczowy - orange (adj.)
35. pomidor - tomato
36. portmonetka - wallet
37. postanawiać , decydować - to decide
38. potrzebny - necessary
39. rachunek - check
40. różny - different , various
41. ryż - rice
42. skanować - to scan
43. skrzynka - box
44. słońce - sun
45. śmietana - sour cream
46. sok - juice
47. sprzedawać się - to be sold
48. stojak - rack , stand
49. surowy - raw
50. świecić - to shine
51. sztuka - piece
52. szuflada - drawer , box
53. truskawka - strawberry
54. tylko - only , just
55. udawać się - to succeed , to go off well
56. waga - scales
57. warzywa - vegetable
58. ważyć - to weigh
59. wejście - entry , entrance
60. wieźć - to drive , to transport
61. winogrona - grape(s)
62. wózek - wagon , cart
63. wozić - to drive , to transport
64. wstać - to get up
65. wykładać , układać - to display , to set out
66. wysyłać - to send
67. zajęty - busy

B

Dzisiaj jest niedziela. Jack ma dużo wolnego czasu. Postanawia iść do sklepu. Jest dziesiąta rano. Jack wstaje z łóżka. Myje zęby, ubiera się i idzie zjeść śniadanie. Chce kupić jedzenie na cały tydzień, więc idzie do supermarketu. Niedaleko jest supermarket. Jack wychodzi z domu. Idzie bulwarem. Na zewnątrz jest ładna pogoda. Świeci słońce. Dużo ludzi idzie bulwarem. Jack idzie dalej. Supermarket jest już blisko. Jack wchodzi do środka i bierze wózek. Wchodzi do sklepu i wybiera produkty. Jest w alejce z owocami. Są tu banany, jabłka, pomarańcze, ananasy, brzoskwinie truskawki, winogrona. Jack potrzebuje kupić cytryny. Bierze torebkę foliową i wkłada do niej cytryny. Bierze trzy sztuki. Bierze też drugą torebkę i wkłada do niej jabłka. Bierze pięć sztuk. Wkłada torebki do wózka. Jack podchodzi z wózkiem do wagi i waży owoce. Idzie dalej. Jest w alejce z warzywami. Jest tu marchew, pomidory, grzyby, ogórki, kapusta i inne warzywa. Leżą w skrzynkach. Jack chce kupić trochę pomidorów i ogórków. Bierze warzywa i je waży. Potem idzie do działu mięsnego. Chce kupić kawałek kiełbasy. Są też ryby, surowe i pieczone kurczaki, kiełbasy i inne produkty mięsne. Jack idzie dalej. Bierze pudełko jajek. Niedaleko działu mięsnego bierze paczkę cukru. Bierze też opakowanie klusek i opakowanie ryżu. W dziale z nabiałem Jak bierze karton mleka i kubeczek śmietany. W dziale z pieczywem jest dużo różnych rodzajów bułek i chleba. Jack bierze bochenek chleba i dwie bułeczki. Bierze też małe pudełko ciasteczek. Jack idzie do kasy. Po drodze bierze dwie butelki soku pomarańczowego. W butelce jest litr soku. Jack uwielbia też chipsy. Bierze dwie

Today is Sunday. Jack has a lot of free time. He decides to go to the store. It's ten o'clock in the morning. Jack gets up from bed. He brushes his teeth, gets dressed and goes to have breakfast. He wants to buy food for a week, so he goes to the supermarket. There is a supermarket nearby. Jack leaves the house. He walks along the boulevard. Outside, the weather is good. The sun is shining. A lot of people are walking along the boulevard. Jack goes on. The supermarket is already close. He goes in. Jack takes a cart. He goes to the store and chooses food. Jack is in the produce aisle. There are bananas, apples, oranges, pineapples, peaches, strawberries and grapes. Jack needs lemons. He takes a plastic bag and puts lemons in. Jack takes three. He also takes another plastic bag and puts it in the apples. He takes five. He puts the bags in the cart. Jack brings the cart to the scales and weighs the fruit. Jack goes on. He is in the vegetable department. There are carrots, tomatoes, mushrooms, cucumbers, cabbage and other vegetables. They are in boxes. Jack wants to take some tomatoes and cucumbers. He is taking vegetables and weighing them. Then Jack goes to the meat department. He wants to take a piece of sausage. Jack chooses a sausage. There is also fish, raw and ready-chickens, sausages and other meat products. Jack goes on. He picks up a carton of eggs. Near the meat department, he takes a packet of sugar. He also takes a package of pasta and a package of rice. In the dairy department, Jack takes a carton of milk and a cup of sour cream. In the bread department, there are a lot of different buns and bread. Jack picks up a loaf of bread and two sweet buns. He also takes one small box of cookies. Jack goes to the checkout. Along the way he picks up two bottles of orange juice. There is one liter of juice in a bottle. Jack also loves chips. He takes two packs. He carries the cart with the

paczki. Prowadzi wózek z zakupami do kasy. Przy kasie jest długa kolejka. Jack staje w kolejce. Wykłada zakupy na ladę. Kasjer skanuje produkty. Jack chce zapłacić kartą kredytową. Podaje kasjerowi swoją kartę. Kasjer wkłada kartę do urządzenia, ale karta nie działa. Kasjer prosi Jacka, żeby zapłacił gotówką. Jack ma trochę pieniędzy w portmonetce. To wystarcza. Jack płaci kasjerowi. Kasjer podaje mu rachunek. Jack wychodzi ze sklepu.

products to the checkout. There is a long line at the checkout. Jack stands in the queue. Jack puts food on the counter. The cashier scans the food. Jack wants to pay by credit card. He gives the cashier his card. Cashier puts the card through, but it does not work. The cashier asks Jack to pay in cash. Jack has a little money in his wallet. This is enough. Jack pays the cashier. The cashier gives him a check. Jack leaves the store.

 C

Pytania i odpowiedzi

Questions and Answers

- Jaki dzień jest dzisiaj?

- Dzisiaj jest niedziela.

- Czy Jack jest dzisiaj bardzo zajęty?

- Nie, Jack ma dużo wolnego czasu.

- Dokąd Jack dzisiaj idzie?

- Postanawia pójść do sklepu.

- Która jest godzina?

- Jest dziesiąta rano.

- Dlaczego Jack idzie do supermarketu?

- Chce kupić jedzenie na cały tydzień.

- Czy na zewnątrz pada?

- Nie, na zewnątrz jest ładna pogoda. Świeci słońce.

- Czy po bulwarze idzie dużo ludzi?

- Tak, dużo ludzi idzie po bulwarze.

- Co Jack robi przy wejściu do supermarketu?

- What day is it today?

- Today is Sunday.

- Is Jack very busy today?

- No, Jack has got a lot of free time.

- Where will Jack go today?

- He decides to go to the store.

- What time is it?

- It's ten o'clock in the morning.

- Why does Jack go to the supermarket?

- He wants to buy food for the week.

- Is it raining outside?

- No, the weather is fine outside. The sun is shining.

- Are there people walking along the boulevard?

- Yes, a lot of people are walking along the boulevard.

- What does Jack do at the entrance to the supermarket?

- Bierze wózek.

- Co jest sprzedawane w dziale z owocami?

- Są tam banany, jabłka, pomarańcze, ananasy, brzoskwinie, truskawki, winogrona.

- Czego Jack szuka w tym dziale?

- Jak potrzebuje kupić cytryny.

- Ile cytryn wkłada do torebki?

- Bierze trzy sztuki.

- Co jeszcze bierze Jack?

- Bierze jeszcze jedną foliową torebkę i wkłada do niej jabłka.

- Ile jabłek bierze Jack?

- Bierze pięć sztuk.

- Gdzie Jack waży owoce?

- Jak waży owoce na wadze.

- Co jest w dziale warzywnym?

- Jest marchew, pomidory, grzyby, ogórki, kapusta i inne warzywa.

- Gdzie są warzywa?

- Leżą w skrzynkach.

- Jakich warzyw potrzebuje Jack?

- Jak chce kupić kilka pomidorów i ogórków.

- Czy Jack bierze warzywa i idzie dalej?

- Nie, Jack bierze warzywa i najpierw je waży.

- Czy Jack chce kupić kawałek kiełbasy w dziale mięsnym?

- Tak, Jack wybiera kiełbasę.

- Jakie inne produkty bierze Jack?

- Jack bierze pudełko jajek, paczkę cukru, opakowanie klusek i opakowanie ryżu.

- Jack takes a cart.

- What is sold in the fruit department?

- There are bananas, apples, oranges, pineapple, peaches, strawberries and grapes.

- What does Jack need in this department?

- Jack needs lemons.

- How many lemons does he put in a plastic bag?

- He puts three.

- What else does Jack take?

- He takes another plastic bag and puts apples in it.

- How many apples does Jack take?

- He takes five.

- Where does Jack weigh the fruit?

- Jack fruit weighs on the scale.

- What is there in the vegetable department?

- There are carrots, tomatoes, mushrooms, cucumbers, cabbage and other vegetables.

- Where are the vegetables?

- They are in boxes.

- What vegetables does Jack need?

- Jack wants to take a few tomatoes and cucumbers.

- Does Jack take the vegetables and go further?

- No, he picks up vegetables and weighs them.

- Does Jack want to take a piece of sausage in the meat section?

- Yes, Jack chooses sausage.

- What other products does Jack take?

- He takes a carton of eggs, a packet of sugar, a packet of pasta and a pack of rice.

- Czy Jack je nabiał?
- Tak, Jack kupuje karton mleka i kubeczek śmietany w dziale z nabiałem.
- Czy w supermarkecie jest dobry dział z pieczywem?
- Tak, w dziale z pieczywem jest dużo różnych rodzajów bułek i chleba.
- Czy Jack kupuje tylko chleb, czy także bułki?
- Jack bierze bochenek chleba i dwie bułeczki.
- Czy Jack lubi ciasteczka?
- Tak, bierze małe pudełko ciasteczek.
- Co jeszcze Jack bierze w drodze do kasy?
- W drodze do kasy bierze dwie butelki soku.
- Jaki rodzaj soku kupuje Jack?
- Sok pomarańczowy.
- Ile soku jest w butelce?
- W butelce jest jeden litr soku.
- Czy Jack lubi chipsy?
- Tak, Jack uwielbia chipsy. Bierze dwie paczki.
- Czy do kasy stoi kolejka?
- Tak, przy kasie jest długa kolejka.
- Czy Jack nie chce czekać w kolejce i wychodzi bez zakupów?
- Nie, Jack staje w kolejce.
- Gdzie wykłada produkty?
- Jak kładzie produkty na ladzie.
- Czy Jack chce zapłacić gotówką czy kartą kredytową?
- Jack chce zapłacić kartą kredytową. Podaje

- Does Jack eat dairy products?
- Yes, Jack takes a carton of milk and a cup of sour cream in the dairy department.
- Is there a good bread department in the supermarket?
- Yes, there are a lot of different buns and bread in the bread department.
- Does Jack only buy bread or does he buy buns too?
- Jack picks up a loaf of bread and two sweet buns.
- Does he like cookies?
- Yes, he takes one small box of cookies.
- What else does Jack take on the way to the checkout?
- On the way to the checkout, he takes two bottles of juice.
- What kind of juice does Jack buy?
- Orange juice.
- How much juice is there in a bottle?
- There is one liter of juice in a bottle.
- Does Jack like chips?
- Yes, Jack loves chips. He takes two packs.

- Is there a line at the checkout?
- Yes, there is a long line at the checkout.
- Does Jack not want to stand in the line and leaves without the food?
- No, Jack stands in the line.
- Where did he puts food?
- Jack puts food on the counter.
- Does Jack want to pay in cash or by credit card?
- Jack wants to pay by credit card. He gives

kasjerowi swoją kartę.

- Czy udaje mu się zapłacić kartą?

- Nie. Kasjer wkłada kartę do urządzenia, ale ona nie działa.

- O co kasjer prosi Jacka?

- Kasjer prosi Jacka, żeby zapłacił gotówką.

- Czy Jack ma przy sobie pieniądze?

- Jack ma trochę pieniędzy w portmonetce.

- Czy to wystarcza, żeby zapłacić?

- Tak, Jack ma dość pieniędzy. Płaci kasjerowi.

the cashier his card.

- Does he manage to pay for products by card?

- No. The cashier puts the card through, but it does not work.

- What does the cashier ask Jack?

- The cashier asks Jack to pay in cash.

- Does Jack have money?

- He has a little money in his wallet.

- Does he have enough money to him to pay?

- Yes, he has enough money. Jack pays the cashier.

14

Dzisiaj mam cztery lekcje
I have four classes today

A

Słówka

1. babcia - grandmother, old woman
2. bibliotekarz - librarian
3. biologia - biology
4. biuro, sala, pokój - office
5. Bruksela - Brussels
6. ciekawie - interesting
7. czasopismo - magazine
8. czwarty - fourth
9. deska - board
10. dwunasty - twelfth
11. dziadek - grandfather, old man
12. dziekanat - dean's office
13. egzamin, sprawdzian - test
14. fizyka - physics
15. formuł(k)a - formula
16. geografia - geography
17. gorąco - hot
18. historia - history

19. kanapka - sandwich
20. kreda - chalk
21. lekcja, zajęcia - classes
22. lekki - light
23. linijka - ruler
24. następny - following, next
25. o - about
26. ocean - ocean
27. oddać - to give back
28. ołówek - pencil
29. otwierać - to open
30. para - pair
31. początek - beginning
32. podręcznik - textbook
33. pokój; świat - peace; world
34. półtora - one and a half
35. przedmiot - subject, thing
36. przerwa - break
37. przygotowywać się - to prepare oneself
38. rachunek - bill
39. sala, aula - auditorium, class-room
40. schodek - step
41. sięgać - to reach
42. śniadanie - breakfast
43. streszczenie - synopsis, outline
44. strona - page
45. trwać, zajmować czas - to last, to take (time)
46. uważnie - carefully, attentively
47. w, do - in, into
48. wieczór - evening
49. wykładowca, nauczyciel - teacher, instructor
50. wypisywać - to write out (a check)
51. zaczynać - to start
52. zajęcia - classes
53. zakładać - to put on
54. zapisywać - to write down
55. zasada, reguła - rule
56. zmęczyć się - to get tired
57. zostać - to be left, to stay

B

Idę dzisiaj na uniwersytet. Muszę być tam o wpół do dziewiątej. Ubieram się. Na zewnątrz jest gorąco, więc zakładam lekkie ubrania. Potem jem śniadanie. Zjadam na śniadanie kanapkę i piję herbatę. Zbieram swoje rzeczy. Biorę ze sobą zeszyt, długopis, ołówek, linijkę i podręcznik do historii. Wychodzę z domu i idę na przystanek. Jadę autobusem na

Today I'm going to university. I have to be there at eight thirty. I get dressed. It is hot outside, so I put on light clothing. Then I have breakfast. I eat a sandwich and drink tea for breakfast. I collect my things. I take with me a notebook, pen, pencil, ruler and history textbook to university. I leave the house and go to the bus stop. I get on the bus to university. I see the university. There

uniwersytet. Widzę już uniwersytet. Koło wejścia stoi dużo studentów. Podchodzę do drzwi i wchodzę na uniwersytet. Dzisiaj mam cztery lekcje. Pierwsza - fizyka, druga - historia, trzecia - biologia, czwarta - angielski. Muszę iść do auli, w której mamy fizykę. Przed aulą stoi dużo studentów. Do początku zajęć zostało dziesięć minut. Wchodzę do auli i siadam na krześle. Koło mnie siedzi mój przyjaciel Mike. On ma bardzo dobre oceny. Wchodzi nasz wykładowca. Ma na imię pan Steven. Bierze do ręki kredę i pisze temat na tablicy. Studenci wyjmują zeszyty i długopisy. Zapisujemy temat. Potem pan Steven rozdaje nam podręczniki od fizyki. Prosi, żebyśmy otworzyli podręczniki na dwunastej stronie. Zapisujemy w zeszytach formuły i zasady. Pan Steven tłumaczy temat zajęć. Słuchamy uważnie. Lekcja trwa półtorej godziny. Potem wychodzę z auli. Zaczyna się przerwa. Przerwa trwa piętnaście minut. Potem mamy zajęcia z historii. Muszę iść na trzecie piętro. Tam jest sala do historii. Idę na trzecie piętro i wchodzę do sali. Nasz wykładowca ma na imię pan Oliven. Siedzi przy biurku i czyta gazetę. Na tablicy w jego sali wisi duża mapa. Studenci wchodzą do sali i siadają na miejscach. Zaczyna się wykład. Nauczyciel patrzy na mapę. Opowiada nam historię Brukseli. Potem pisze temat na tablicy. Wykład trwa pół godziny. Potem wychodzimy z sali. Zaczyna się długa przerwa. Trwa trzydzieści minut. Wychodzę z uniwersytetu i idę do kawiarni. Idzie ze mną mój przyjaciel Mike. Kawiarnia jest blisko. Wchodzimy do kawiarni. Zamawiam pizzę i kawę. Spędzam z Mike'iem w kawiarni dwadzieścia minut. Potem płacę kelnerowi rachunek za obiad i wychodzę z kawiarni. Na trzeciej lekcji mamy biologię. Uwielbiam chodzić na wykłady z biologii. Nasz wykładowca pan Christin opowiada bardzo ciekawe rzeczy. Wykład

are a lot of students at the entrance. I go to the door and enter the university. Today I have four classes. The first lesson is physics, the second one is history, the third one is biology, the fourth one is English. I need to go to the auditorium for physics. I climb the stairs to the second floor. I go to the physics auditory. A lot of students are standing near the auditorium. Ten minutes remain before the beginning of the class. I go into the auditorium and sit down on a chair. Sitting next to me is my friend Mike. He gets very good grades. Our teacher comes in. His name is Mr. Steven. He picks up the chalk and writes a topic on the board. Students take out their notebooks and pens. We write down the topic. Mr. Steven then distributes our books on physics. He asks us to open the books on page twelve. We write down formulas and rules in our notebooks. Mr. Steven tells us about the topic. We listen carefully. The class lasts an hour and a half. Then I leave the auditorium. The break has started. The break lasts fifteen minutes. Next is the history lesson. I need to go to the third floor. The history classroom is there. I go up to the third floor and I go into the classroom. Our teacher is called Mr. Oliven. He is sitting at a table and is reading a newspaper. A large map hangs on the blackboard in his room. Students come to the room and sit down in their seats. The class begins. Our teacher looks at a map. He tells us the history of the city of Brussels. He then writes a topic on the board. The class lasts an hour and a half. Then we go out of the room. The long break begins. It lasts thirty minutes. I go out of the university and go to a cafe. My friend Mike goes with me. The cafe is located nearby. We come into the cafe. I order a pizza and coffee. I sit in the cafe with Mike for twenty minutes. Then I pay the bill for the food to the waiter and leave the cafe. The third lesson is in biology. I love to go to lectures on biology. Our instructor Mr. Christin tells very interesting

trwa pół godziny. Potem idę do sali do angielskiego. Dobrze znam angielski. Mój dziadek i babcia mieszkają w Anglii. Często ich odwiedzam. Myślę, że po zajęciach pójdę do biblioteki. Jutro mam sprawdzian z geografii, więc muszę się dobrze przygotować. Szukam książki o oceanach świata. Muszę napisać sobie streszczenie. Biblioteka jest na naszym uniwersytecie. Znajduje się na czwartym piętrze. Wchodzę do biblioteki. Siedzi tam dużo studentów. Czytają i robią notatki. Jest już czwarta po południu. Jestem zmęczony. Chcę wypożyczyć książki do domu. Podchodzę do bibliotekarza. Proszę go o pokazanie mi książki na temat oceanów. Bibliotekarz pokazuje trzy książki. Postanawiam wziąć dwie z nich do domu. Biorę też czasopismo. Wypożyczam książki i czasopismo. Bibliotekarz mówi, że muszę je oddać w ciągu trzech tygodni. Zabieram książki i czasopismo i idę do domu.

things. The lecture lasts an hour and a half. Then I go to the English class. I know English well. My grandparents live in England. I often go to visit them. I think I'll go to the library after classes. Tomorrow I have a test in geography, so I need to prepare well. I want to take a book on the world's oceans. I need to make an outline. The library is located at our university. It is on the fourth floor. I go to the library. A lot of students are sitting in the library. They are reading and taking notes. It's already four o'clock in the afternoon. I'm tired. So I want to take the books home. I go to the librarian. I ask him to show me a book about the oceans. The librarian shows me three books. I look at the books. I decide to take two of them home. I also take a magazine. I check out the books and the magazine. The librarian says that I have to return the books and the magazine in three weeks. I take the books and the magazine, and go home.

Pytania i odpowiedzi

- Dokąd idziesz dzisiaj?

- Dzisiaj idę na uniwersytet.

- O której godzinie musisz tam być?

- Muszę tam być o wpół go dziewiątej.

- Dlaczego zakładasz lekkie ubranie?

- Zakładam lekkie ubranie, bo na zewnątrz jest gorąco.

- Co jesz na śniadanie?

- Na śniadanie jem kanapkę i piję herbatę.

- Co zabierasz ze sobą na uniwersytet?

Questions and Answers

- Where are you going today?

- Today I'm going to university.

- At what time do you have to be there?

- I have to be there at half past eight.

- Why do you wear light clothing?

- I wear light clothing because it is hot outside.

- What do you eat for breakfast?

- For breakfast I eat a sandwich and drink tea.

- What do you take with you to university?

- Biorę zeszyt, długopis, ołówek, linijkę i podręcznik do historii.
- Czy idziesz na uniwersytet pieszo, czy jedziesz autobusem?
- Jadę na uniwersytet autobusem.
- Ile masz dzisiaj lekcji?
- Mam dzisiaj cztery lekcje.
- Jakich przedmiotów się uczysz?
- Fizyki, historii, biologii i angielskiego.
- Na które piętro musisz iść?
- Wchodzę po schodach na drugie piętro.
- Czy idziesz do dziekana?
- Nie, idę do auli, w której mamy fizykę.
- Ile minut zostało do początku zajęć?
- Zajęcia zaczynają się za dziesięć minut.
- Kto siedzi koło ciebie?
- Koło mnie siedzi mój przyjaciel Mike.
- Czy on ma dobre oceny?
- Tak, on uczy się bardzo dobrze.
- Jak ma na imię wasz wykładowca?
- On ma na imię pan Steven.
- Jak pan Steven zaczyna zajęcia?
- Pan Steven pisze temat na tablicy.
- Co rozdaje pan Steven?
- Pan Steven rozdaje nam podręczniki do fizyki.
- Na której stronie otwieracie podręczniki?
- Otwieramy podręczniki na dwunastej stronie.
- Co zapisujecie w zeszytach?
- Zapisujemy w zeszytach formuły i zasady.
- Czy słuchacie uważnie, co mówi pan Steven?

- I take a notebook, pen, pencil, ruler and history textbook to university.
- Do you get on foot or by bus to university?
- I get to university by bus.
- How many classes do you have today?
- Today I have four classes.
- What subjects do you study?
- Physics, history, biology and English.
- To which floor do you have to get?
- I climb the stairs to the second floor.
- Do you go to the dean?
- No, I'm going to the physics auditorium.
- How many minutes are left before the start of classes?
- There are ten minutes before the class.
- Who is sitting next to you?
- My friend Mike is sitting next to me.
- Does he do well at university?
- Yes, he does very well.
- What is the name of your teacher?
- His name is Mr. Steven.
- How does Mr. Steven start class?
- Mr. Steven writes the topic on the board.
- What does Mr. Steven distribute?
- Mr. Steven distributes our books on physics.
- On which page do you open the book?
- We open the book on page twelve.
- What do you write in your notebook?
- We write formulas and rules in our notebooks.
- Do you listen to Mr. Steven carefully?

- Tak, słuchamy go bardzo uważnie.
- Jak długo trwają zajęcia?
- Zajęcia trwają półtorej godziny.
- Ile trwa przerwa?
- Przerwa trwa piętnaście minut.
- Na którym piętrze jest sala do historii?
- Sala do historii jest na trzecim piętrze.
- Jak na imię wasz wykładowca?
- Nasz wykładowca ma na imię pan Oliven.
- Co on robi w czasie przerwy?
- Siedzi przy biurku i czyta gazetę.
- Co wisi na tablicy w sali do historii?
- Na tablicy wisi duża mapa.
- O czym opowiada wam wykładowca?
- Opowiada nam historię Brukseli.
- Ile trwa duża przerwa?
- Trwa trzydzieści minut.
- Kto idzie z tobą do kawiarni?
- Idzie ze mną mój przyjaciel Mike.
- Czy kawiarnia jest daleko?
- Nie, jest obok uniwersytetu.
- Co zamawiasz?
- Zamawiam pizzę i kawę.
- Jak długo siedzicie w kawiarni?
- Siedzę razem z Mike'iem w kawiarni przez dwadzieścia minut.
- Komu płacisz rachunek za obiad?
- Płacę rachunek za obiad kelnerowi.
- Czy lubisz zajęcia z biologii?
- Tak, lubię chodzić na zajęcia z biologii.

- Yes, we listen to him carefully.
- How long does a lesson last?
- A lesson lasts an hour and a half.
- How long is the break?
- Break lasts fifteen minutes.
- On what floor is the history room?
- The history room is on the third floor.
- What is your teacher's name?
- Our teacher's name is Mr. Oliven.
- What does he do during the break?
- He sits at the table and reads a newspaper.
- What hangs on the blackboard in the history room?
- A large map hangs on the blackboard.
- What does the teacher tell you about?
- He tells us the history of the city of Brussels.
- How long is the big break?
- It lasts thirty minutes.
- Who goes with you to the cafe?
- My friend Mike goes with me.
- Is the cafe far?
- No, the cafe is next door.
- What do you order?
- I order a pizza and coffee.
- How long do you sit in the cafe?
- I sit in the cafe with Mike for twenty minutes.
- To whom do you pay the bill for the food?
- I pay the bill for the food to the waiter.
- Do you like biology classes?

- Czy wasz wykładowca ma na imię pan Christin?
- Tak, on ma na imię pan Christin.
- Czy on opowiada w ciekawy sposób?
- Tak, nasz wykładowca pan Christin umie bardzo ciekawie przedstawić temat.
- Czy mówisz po angielsku?
- Tak, znam angielski.
- Gdzie są twój dziadek i babcia?
- Mój dziadek i babcia mieszkają w Anglii.
- Czy odwiedzasz ich tam?
- Tak, często jeżdżę do Anglii, żeby ich odwiedzić.
- Dokąd chcesz iść po zajęciach?
- Myślę, że po zajęciach pójdę do biblioteki.
- Z jakiego przedmiotu masz jutro sprawdzian?
- Jutro mam sprawdzian z geografii.
- Czy musisz się do niego przygotować?
- Tak, muszę się dobrze przygotować.
- Jakie książki chcesz wypożyczyć z biblioteki?
- Chcę wypożyczyć książkę o oceanach świata.
- Dlaczego potrzebujesz książki?
- Chcę wypisać sobie streszczenie.
- Gdzie jest biblioteka?
- Biblioteka jest na naszym uniwersytecie na czwartym piętrze.
- Jak dużo studentów jest w bibliotece?
- W bibliotece siedzi dużo studentów.
- Co oni robią?
- Czytają i robią notatki.
- Czy bierzesz książkę i siadasz, żeby wypisać

- Yes, I like to go to biology classes.
- Is your teacher's name Mr. Christin?
- Yes, his name is Mr. Christin.
- Does he tells things in an interesting way?
- Yes, our teacher Mr. Christin makes things very interesting.
- Do you speak English?
- Yes, I speak English.
- Where are your grandparents?
- My grandparents live in England.
- Do you go to visit them?
- Yes, I often go to visit them.
- Where do you want to go after classes?
- I think I'll go to the library.
- In what subject do you have a test tomorrow?
- Tomorrow I have a test in geography.
- Do you need to prepare for it?
- Yes, I need to prepare well.
- What kind of books do you want to take out of the library?
- I want to take a book on the world's oceans.
- Why do you need these books?
- I need to write an outline.
- Where is the library?
- The library is in our university on the fourth floor.
- How many students are in the library?
- A lot of students sit in the library.
- What do they do?
- They read and take notes.
- Do you take a book and sit down to write

streszczenie w bibliotece?

- Nie, jestem zmęczony, więc chcę wziąć książki do domu.

- O co prosisz bibliotekarza?

- Proszę, żeby pokazał mi książkę o oceanach.

- Ile książek postanawiasz wziąć do domu?

- Postanawiam wziąć do domu dwie książki.

- Czy bierzesz też czasopismo?

- Tak, biorę jeszcze czasopismo.

- Kiedy musisz oddać książki i czasopismo?

- Bibliotekarz mówi, że muszę oddać książki i czasopismo w ciągu dwóch tygodni.

an outline in the library?

- No, I'm tired, so I want to take the books home.

- What do you ask the librarian?

- I ask him to show me a book about oceans.

- How many books do you decide to take home?

- I decide to take two books home.

- Do you also take a magazine?

- Yes, I also take a magazine.

- When do you have to return the books and magazine?

- The librarian says that I have to return the books and magazine in three weeks.

15

Jack chce znaleźć pracę na część etatu

Jack wants to work part-time

A

Słówka

1. aktywny - active
2. biegle - free(ly) , fluently
3. chcieć , pragnąć - to wish , to desire
4. cześć - hello
5. człowiek - person
6. doświadczenie - experience
7. dziękuję - thanks
8. dziewczyna - girl
9. fizyczna praca - physical work
10. formularz , kwestionariusz - questionnaire
11. Holender - Dutchman
12. holenderski , niderlandzki - Dutch (adj.)
13. imię - name
14. ładowacz - loader
15. męski - male
16. na pół etatu - part-time

17. nazwisko - last name
18. nieść - to carry
19. obiecać - to promise
20. oferować, proponować - to suggest, to offer
21. osobowy - personal
22. pełny - full
23. praca na część etatu - part-time job
24. prawa - rights
25. prawo jazdy - driving license
26. pukać - to knock
27. reklama - commercial, advertisement
28. roboczy - work (adj.)
29. rodzinny - family (adj.)
30. siedzący - sitting
31. stan - status
32. szef - manager, head
33. telefon - phone
34. towarzyski - sociable
35. umiejętność - skill
36. ustalić - to settle
37. wcześniej - before, earlier
38. wiek - age
39. wykształcenie - education
40. wypełniać - to fill in/out
41. wypełniony - filled out
42. zarabiać - to earn
43. zatrudnienie - placement, employment
44. żonaty - married (for men)
45. zostać - to become

B

Jackowi brakuje pieniędzy. Chce znaleźć pracę na część etatu. Ma czas po zajęciach na uniwersytecie. Jego przyjaciel Mike pracuje po zajęciach jako magazynier w supermarkecie. Mike zarabia trzydzieści euro dziennie. Jack pyta Mike'a, jak on znalazł pracę. Mike mówi Jackowi, że poszedł do biura pośrednictwa pracy. Tam zaproponowano mu tę pracę. Mike daje Jackowi adres biura. Jack postanawia też tam pójść. Biuro leży w centrum miasta. Jack dojeżdża tam metrem. Szybko znajduje biuro. Przy wejściu wisi dużo ogłoszeń o pracy dla studentów. Jack wchodzi do środka. Widzi tam długą kolejkę. To ludzie, którzy też szukają pracy. Stoją przy stanowisku. Ludzie biorą

Jack has little money. He wants to work part-time. He has free time after university classes. His friend Mike works as a loader in a supermarket after school. Mike gets thirty euros per day. Jack asks Mike how he found the job. Mike tells Jack that he went to an employment agency. There he was offered the job. Mike gives Jack the address of the agency. Jack also decides to go to the employment agency. The agency is located in the city center. Jack gets there by subway. He quickly finds the agency. A lot of ads about work for students hangs at the entrance. Jack goes inside. There he sees a long queue. These are people who also want to get a job. They stand at the help desk. People

formularze na dane osobowe. Jack staje w kolejce. Po piętnastu minutach jest jego kolej.

"Dzień dobry, mam na imię Lisa", mówi do Jacka dziewczyna przy biurku.

"Dzień dobry. Miło cię poznać. Jestem Jack", mówi Jack.

"Czy szukasz pracy?", pyta go dziewczyna.

"Tak", odpowiada Jack.

"Czy chcesz pracować na pełny etat czy na część etatu", pyta dziewczyna.

"Jestem studentem i chciałbym pracować po zajęciach", odpowiada Jack.

"Weź i wypełnij formularz dla studentów. Kiedy wypełnisz formularz, zanieś go szefowej oddziału", mówi dziewczyna i podaje mu formularz.

"Dziękuję", mówi Jack i bierze formularz. Jack bierze długopis i wypełnia formularz.

Imię - Jack

Nazwisko - Stroman

Płeć - męska

Wiek - dziewiętnaście lat

Obywatelstwo - holenderskie

Stan rodzinny - kawaler

Wykształcenie - Studiuję na Uniwersytecie Technologii i Wzornictwa.

Wcześniejsza praca - Wcześniej nigdzie nie pracowałem.

Jakie ma Pan(i) zdolności i doświadczenie? - Jestem osobą aktywną i towarzyską. Mogę wykonywać pracę fizyczną. Mogę też pracować przy komputerze.

Języki (0 - brak znajomości, 10 - biegle) - angielski 7, niemiecki 10, niderlandzki 10

take questionnaires for personal data. Jack stands in the line. Jack's turn comes in fifteen minutes.

"Hello, my name is Lisa," says the girl at the help desk to Jack.

"Hello, I am Jack," Jack says.

"Are you looking for work?" the girl asks him.

"Yes," Jack says.

"Do you want to work full-time or part-time?" the girl asks.

"I am a student and I want to work after classes," Jack says.

"Then take and complete the questionnaire for students, please. When you complete the questionnaire, take it to the head of department," the girl says and gives him a questionnaire.

"Thank you," Jack says and takes the form.

Jack picks up a pen and fills out the questionnaire.

Name - Jack

Surname - Stroman

Gender - Male

Age - Nineteen years old

Nationality - Dutch

Marital status - Single

Education - I study at the University of Technology and Design.

Previous work - I have not worked before.

What skills and experience do you have? - I am an active and sociable person. I can do physical work. I can also do work on the computer.

Languages (0 - no, 10 - fluent) - English 7, German 10, Dutch 10

Prawo jazdy - brak

Oczekiwania co do zarobków - 30-40 euro dziennie

Numer telefonu - +3456787487

Jack bierze formularz i idzie do biura szefowej oddziału. Puka i wchodzi do środka.

"Dzień dobry, mam na imię Jack. Powiedziano mi, żebym dał szefowej oddziału mój formularz" - mówi Jack do kobiety siedzącej przy biurku.

"Dzień dobry, nazywam się Eva Steg. Jestem szefową oddziału. Może pan mi dać swój formularz."

"Proszę bardzo", mówi Jack i podaje swój formularz. "Kiedy mogę się spodziewać pracy?"

"Zadzwonimy do pana, kiedy znajdziemy dla pana pracę."

Driving license - No

Salary expectations - 30-40 euro per day

Phone number - +3456787487

Jack takes the form and goes to the office of the head of department. He knocks and comes into the office.

"Hello, my name is Jack. I was told to give the head of the department my questionnaire," says Jack to the woman sitting at the desk.

"Hello, my name is Eva Steg. I am the head of this department. You can give me your questionnaire," she answers.

"Here you are," Jack says, handing over his questionnaire. "When can I get a job?"

"We'll call you when we find a job for you," she says.

Pytania i odpowiedzi

- Czy Jack ma dużo pieniędzy?
- Nie, Jack ma mało pieniędzy.
- Czy Jack chce znaleźć pracę?
- Tak, chce zarabiać pieniądze.
- Czy ma czas pracować na część etatu?
- Tak, ma czas po zajęciach na uniwersytecie.
- Co robi jego przyjaciel Mike?
- Mike pracuje jako magazynier w supermarkecie po zajęciach.
- Ile zarabia Mike?
- Mike zarabia trzydzieści euro dziennie.

Questions and Answers

- Does Jack have a lot of money?
- No, Jack has little money.
- Does Jack want to get a job?
- Yes, he wants to earn money.
- Does he have time for part-time work?
- Yes, he has free time after university classes.
- What does his friend Mike do?
- His friend Mike works as a loader in a supermarket after university classes.
- How much money does Mike get?
- Mike gets thirty euros per day.

- Czy Jack pyta Mike'a, jak on znalazł pracę?

- Tak, Mike daje Jackowi adres biura pośrednictwa pracy.

- Gdzie jest to biuro?

- Biuro znajduje się w centrum miasta.

- Czy Jack jedzie tam autobusem?

- Nie, Jack jedzie metrem.

- Co Jack widzi przy wejściu do biura?

- Przy wejściu wisi dużo ogłoszeń o pracy dla studentów.

- Czy w biurze jest dużo ludzi?

- Tak, Jack widzi tam długą kolejkę.

- Kim są ci ludzie?

- To ludzie, którzy też szukają pracy.

- Co biorą ludzie?

- Ludzie biorą formularze na dane osobowe.

- Jak długo Jack stoi w kolejce?

- Jack stoi w kolejce przez piętnaście minut.

- Czy Jack chce pracować na pełny etat czy na część etatu?

- Jack jest studentem i chce pracować po zajęciach.

- Komu Jack daje wypełniony formularz?

- Jack daje formularz szefowej oddziału.

- Jak szybko Jack może dostać pracę?

- W biurze obiecano mu, że zadzwonią do niego, kiedy znajdą dla niego pracę.

- Does Jack ask Mike where he found the job?

- Yes, Mike gives Jack address of an employment agency.

- Where is this agency?

- The agency is located in the city center.

- Does Jack go there by bus?

- No, Jack gets there by subway.

- What does Jack see at the entrance to the agency?

- Many ads about work for students are hanging at the entrance.

- Are there many people at the agency?

- Yes, there he sees a long line.

- Who are these people?

- These are people who also want to get a job.

- What do people take?

- People take personal questionnaires.

- How much time does Jack stand in the line?

- Jack stands in the line for fifteen minutes.

- Does Jack want to work full-time or part-time?

- Jack is a university student and wants to work after classes.

- To whom does Jack give the completed application form?

- Jack gives the form to the head of the department.

- How soon can Jack get a job?

- They promise to call Jack when they find a job for him.

* * *

Słownik polsko-angielski

adres - address
agent, przedstawiciel - agent
aktywny - active
albo, lub - or
ale - but
alejka (w sklepie), dział - aisle (in a store), section
alkoholowy - alcoholic
ananas - pineapple
Angielka - Englishwoman
angielski - English
Anglia - England
apteka - drugstore
autobus - bus
autobusowy - bus (adj.)
autoserwis, serwis samochodowy - car service
autostrada - highway
babcia - grandmother, old woman
bagaż - baggage
banan - banana
bank - bank
bankowy - bank (adj)
bar - bar
bardzo - very
bez - without
beżowy - beige
biały - white
biblioteka - library
bibliotekarz - librarian
biegać - to run
biegle - free(ly), fluently
bielizna - laundry, underwear, linen
bilet - ticket
biologia - biology
biuro - agency, office
blender - blender
bo, ponieważ - because
brać - to take
brat - brother

brązowy - brown
brudny - dirty
Bruksela - Brussels
brzeg - shore
brzoskwinia - peach
bulwar - boulevard
bułka, bułeczka - breadroll, bun
butelka - bottle
-by - *particle used to indicate the conditional, for example 'If ..., then I would...'*
być - to be
być chorym - to be sick
być leczonym, leczyć się - to get treated
być może - maybe
cała - whole (feminine)
cena, koszt - value, price
centralny - central
centrum - center
chcieć, pragnąć - to want, to wish, to desire
chipsy - (potato) chips
chleb - bread
chłodno, zimno - cold
chłodny, zimny - cold
chodnik - sidewalk
chodzić - to walk, to go
chwytać - to grab
ciastko, ciasteczko - cookie
ciąć - to cut
cicho - quietly
cichy - quiet
ciekawie - interesting
ciekawy - interesting
ciemno - dark
ciepły - warm
co - what
coś - something
cukier - sugar
cytryna - lemon

czajnik - teapot
czarny - black
czas - time
czasami - sometimes
czasopismo - magazine
czekać - to wait
czerwony - red
cześć, hej - hello, hi
często - often
człowiek - person
czterdzieści - forty
cztery - four
czuć - to feel
czwarty - fourth
czy - whether, if
czyj - whose
czysty - clean
czyścić - to clean
czytać - to read
dach - roof
dać - to give
dalej - further
daleko - far (away)
dane - data, information
danie - dish
dawać - to give
decyzja, wybór - decision
dentysta - dentist
deptać - to trample
deser - dessert
deska - board
deszcz - rain
detektyw - detective
dla - for
dlaczego - why
dlatego - so, because of this
długo - long, for a long time
do domu - homeward
do, ku - until, to
dobry - good
dobrze - well
docierać - to arrive

dodawać - to add
dokąd - where to
dom - house
domowy - house/home (adj.)
doradca - consultant
dostać - to get (something)
doświadczenie - experience
drewniany, z drewna - wooden
droga - road, path, way
drogi - expensive
drugi - second
drzewo - tree
drzwi - door
duży - big
duży pokój - living room
dwa - two
dwadzieścia - twenty
dwanaście - twelve
dworzec - station
dwunasty - twelfth
dywan - carpet
dywanik - little rug, mat
dziadek - grandfather, old man
działać - to act, to work
działka, parcela - area, site
dziecięcy - children's (adj.)
dziecko - child
dziekanat - dean's office
dzień - day
dziesięć - ten
dziewczyna - girl
dziewięć - nine
dziewiętnaście - nineteen
dziękuję - thanks
dzisiaj, dziś - today
dzwonek - bell, ring
egzamin, sprawdzian - test
ekspres do kawy - coffeemaker
euro - Euro
film - film
fizyczna praca - physical work
fizyka - physics

fontanna - fountain
formularz, kwestionariusz - questionnaire
formuł(k)a - formula
fotel - armchair
fotografować, robić zdjęcia - to take photos/pictures
francuski - French (adj.)
garaż - garage
garnek - saucepan
gazeta - newspaper
gazowy - gas (adj.)
gdzie - where
geografia - geography
głośno - noisily
głośny - noisy
go, jego - him, his
godzina - hour
gorąco, gorący - hot
gospodarz, właściciel - landlord, owner
gość - guest
gotowy - ready, prepared
gotówka - cash
góra - hill, mountain
gra - game
grać, bawić się - to play
grzać - to warm (up)
grzyb - mushroom
hamburger - hamburger
herbata - tea
historia - history
Hiszpan - Spaniard
Holender - Dutchman
holenderski, niderlandzki - Dutch (adj.)
hotel - hotel
i - and
ich - them, their(s)
ile - how much
ile lat - how many years
imię - name
informacyjny - information (adj.), referential (adj.)

inny - other
iść - to go, to walk
ja - I
jabłko - apple
jadalnia - dining room
jajko - egg
jak - how
jaki - which, what
jakiś - any, some
jasno - bright
jasny - light (adj.)
ją - her
jechać - to ride, to drive
jeden - one
jednak - while, however
jednoosobowy, pojedynczy - single, with space for one person
jedzenie - food
jest - there is, there are
jeszcze - more, still
jeść - to eat
jeść obiad - to have lunch
jeść śniadanie - to have breakfast
jezioro - lake
jeździć - to ride, to go
język - language, tongue
jutro - tomorrow
już - already
kanapa - sofa, couch
kanapka - sandwich
kapusta - cabbage
kasa - checkout, cash register
kasjer - cashier, teller
kawa - coffee
kawałek, kawałeczek - a little piece
kawiarnia - cafe
każdy - every
kąt - corner
kelner - waiter
kiedy - when
kiedyś - sometime, some day
kiełbasa - sausage

kierowca - driver
kierunek - direction
kino - cinema, movie theater
kiosk - newsstand
klatka schodowa - staircase
klinika - clinic
klub - club
klucz - key
kłaść - to put
kobieta - woman
kochać - to love
kolejka - line, queue
kolor, barwa - color
koło, obok, przy - at, near, next to
komedia - comedy
kominek - fireplace
komputer - computer
kontynuować - to continue
korek - traffic jam
korytarz, przedpokój - hall
kosz - basket
kosztować - to cost
koszykówka - basketball
kot - cat
kraj - country
kran, kurek - faucet, tap
kreda - chalk
krzesło - chair
książka - book
książkowy - book (adj.)
kto - who
ktoś - someone
który - which
kubek, filiżanka - cup
kuchenka - stove
kuchenny - kitchen (adj.)
kuchnia - kitchen
kupić - to buy
kupować - to buy
kura, kurczak - chicken
kury, kurczaki - chickens
kwiat - flower

lampa - lamp
laptop - laptop
lat - years
lecieć - to fly
leczenie - treatment
lekarz - doctor, physician
lekcja, zajęcia - classes
lekki - light
lepiej - better
leżeć - to lie
linijka - ruler
litr - liter
lodówka - refrigerator
lody - ice cream
lokum, mieszkanie - accomodation
londyński - London (adj.)
lot - flight
lotnisko - airport
ludzie - people
lustro - mirror
ładowacz - loader
łazienka - bathroom
łosoś - salmon
łóżko - bed
łyżka, łyżeczka - spoon
makaron, kluski - pasta
mało, niewiele - little, few
mały - small
mama - Mom
mapa - map
marchew - carrot(s)
maszyna - machine
meble - furniture
mechanik - mechanic
metalowy, z metalu - metal (adj.)
metro - metro, subway
męski - male
mężczyzna - man
miasto - city
mieć - to have, to own
miejsce - place
miesiąc - month

mieszkanie - apartment, flat
między - between
miękki - soft
mięsny - meat (adj.)
mijać, upływać - to pass
mikrofalówka - microwave
mikser - mixer
milcząco, w ciszy, po cichu - without speaking, silently
miłość - love
minibus, busik - minibus
minuta - minute
miód - honey
mleczny, nabiałowy - dairy, milk (adj.)
mleko - milk
moja - my (mine)
morze - sea
most - bridge
motor, motocykl - motorcycle, motorbike
można - possible
móc - to be able to, can
mój - my
mówić - to speak
muzeum - museum
my - we
mycie - washing
myć się - to wash oneself
myć, prać - to wash, to clean
mydło - soap
myśleć - to think
na - on
na pół etatu - part-time
na zewnątrz - outside
naczynia - dishes
nad - on top of, over, above
nalewać - to pour (something fluid)
napój - drink
naprzeciw - in front of
naprzeciwko - across from
narodowość - nationality
narodowy - national

nas - us
następny - following, next
nasypać - to pour (something loose)
nasz - our(s)
nazwisko - last name
Neapol - Naples
nie - not
niebieski - blue
niedaleko - not far
niedawno - not long ago, recently
niedługo - soon
niedrogi - inexpensive
nieduży - not big
niedziela - Sunday
niemiecki - German
nienowy - not new
nieruchomość - real estate
nieść - to carry
niewysoki - not tall
nigdy - never
nowy - new
nóż - knife
numer - number
o - about
obciąć - to cut off
obiad - lunch
obiecać - to promise
obok - past, near
obraz(ek) - picture
obrus - tablecloth
ocean - ocean
oczywiście - of course
od początku - from the beginning
od razu, natychmiast, z góry - right away
oddać - to give back
oddawać - to give in, return
odjechać - to go/ride away
odmawiać - to refuse
odpoczywać - to rest, to relax
odpowiadać - to answer
odpowiedni - suitable, fitting

odprowadzać, towarzyszyć - to accompany
odrzucić - to refuse
odżywiać - to nourish
oferować, proponować - to suggest, to offer
oglądać, patrzeć - to watch
ogłoszenie - announcement, ad
ogórek - cucumber
ogród - garden
ojciec - father
okno - window
około - near, approximately
okrągły - round
okulary - glasses
ołówek - pencil
omawiać, rozmawiać o czymś - to discuss
on / ona / ono - he / she / it
oni - they
opakowanie - packet
opowiedzieć - to tell
osiem - eight
osiemnaście - eighteen
osiemset - eight hundred
osobowy - personal
otwierać - to open
owoce - fruit
paczka - package
palić się, płonąć - to burn
papier - paper
para - pair
park - park
parzyć (herbatę) - to boil, to brew
paszport - passport
pełny - full
piątek - Friday
pić - to drink
pieniądze - money
pierwszy - first
pies - dog
pieszo - on foot

pięć - five
piękny, ładny - pretty, beautiful
piętnaście - fifteen
piętro - floor, storey
piłka nożna - soccer
piłkarski, futbolowy - soccer (adj.)
piłkarz - soccer player
pisać - to write
pisarka - writer (fem.)
pizza - pizza
plac - (city) square
plastikowy, z plastiku - plastic (adj.)
plaża - beach
płacić - to pay
płakać - to cry
płatki (śniadaniowe) - flakes, cereal
pływać - to swim
po angielsku - in English
po francusku - in French
po hiszpańsku - in Spanish
po lewej (stronie) - on the left
po niemiecku - in German
po prawej (stronie) - on the right
po, wzdłuż - after, over, along
pociąg - train
początek - beginning
poczta - post office
pod - under
podchodzić, zbliżać się - to approach
podłoga - floor
podobać się - to like, to appeal
podręcznik - textbook
podróżować - to travel
poduszka - pillow
pogoda - weather
pokazać - to show
pokój - room; peace
policja - police
policjant - policeman
polietylenowy, foliowy - polyethylene, plastic (adj.)
połowa - half

położyć - to put (down)
pomagać - to help
pomarańcza - orange
pomarańczowy - orange (adj.)
pomidor - tomato
pomnik - memorial, monument
portmonetka - wallet
postanawiać, decydować - to decide
potem - afterwards, then, later
potrzebny, niezbędny - necessary
potrzebować - to be necessary, to need to
powiedzieć - to tell, to say
powinien (this verb has no infinitive in Polish) - to have to, must
poznać - to get acquainted, to learn
pójść - to go
półka - shelf
półtora - one and a half
praca - work
praca na część etatu - part-time job
pracować - to work
prać - to wash
pralnia - laundromat, launderette
prawa - rights
prawnik - lawyer
prawo jazdy - driving license
profesjonalny, zawodowy - professional
proponować - to suggest, to offer
propozycja - suggestion
prosić - to ask
prosto, na wprost - straight
prowadzić - to lead, to drive
prysznic - shower
przedmieście - suburb
przedmiot - subject, thing
przejazd - passage; fare
przeprowadać się - to move (to change address)
przerwa - break
przestronny - spacious
przez - through, in (time)

przygoda - adventure
przygotowywać się - to prepare oneself
przyjaciel - friend
przyjaciółka - (girl)friend
przyrządzać - to prepare, to cook
przystanek - stop
przytulnie - cozily
przytulny - cozy, comfortable
ptak - bird
pukać - to knock
purpurowy - purple
pusty - empty
pytać - to ask
rachunek - bill, check
radio - radio
rano, ranek - morning
raz (jeden raz, dwa razy itd.) - time(s) (one time, two times etc.)
razem - together
regał - bookcase
reklama - commercial, advertisement
remont - renovation, repairs
restauracja - restaurant
ręcznik - towel
ręka - hand
robić - to make
roboczy - work (adj.)
robotnik, pracownik - worker
rodzice - parents
rodzina - family
rodzinny - family (adj.)
rok - year
rosnąć - to grow
rozgrzać się - to warm up
rozmawiać, gadać - to talk, to chat
róża - rose
różny - different, various
ruszać się - to move
ryba - fish
ryż - rice
rzecz, przedmiot - thing
rzeka - river

sala, aula - hall, auditorium, class-room
samochodowy - automobile (adj.)
samochód, auto - automobile, car
samolot - airplane
sąsiad - neighbor
schodek - step
sedes - toilet (bowl)
ser - cheese
serwetka - napkin
siadać - to sit down
siedem - seven
siedzący - sitting
siedzieć - to sit
sięgać - to reach
sięgnąć - to get, to reach, to take something out
siostra - sister
skanować - to scan
skąd - from where
sklep - store, shop
sklep spożywczy - grocery (adj.)
skórzany, ze skóry - leather (adj.)
skrzynka - box
słodki - sweet
słońce - sun
słuchać - to listen to
smaczny, pyszny - tasty, delicious
sobota - Saturday
sok - juice
spacerować - to take a walk
spędzać czas - to spend (time)
spokojnie - calm(ly)
spotkać - to meet
sprzątać - to clean, to tidy up
sprzedawać - to sell
sprzedawać się - to be sold
stać - to stand
stan - status
starać się - to work hard
staranny - careful
starczać - to be enough
starszy - older

stary - old
statek - ship
stawiać - to put (vertically)
stojak - rack, stand
stolik (do kawy) - coffee table
stół - table
straszny, groźny - scary
streszczenie - synopsis, outline
strona - page
student - university student
sufit - ceiling
supermarket - supermarket
surowy - raw
suszarka - drier
swój - someone's (own)
sypać - to pour (something loose)
sypialny - sleep (adj.)
szafa - cupboard
szafka - wardrobe
szary - gray
szczotka - brush
szef - manager, head
Szekspir - Shakespeare
sześć - six
szklanka - glass
szklany, ze szkła - glass (adj.)
szkoła - school
sztuka - piece
szuflada - drawer, box
szukać - to search, to look for
szybko - quickly
ściana - wall
śmiać się - to laugh
śmieci - trash, garbage
śmieszny - funny
śmietana - sour cream
śniadanie - breakfast
świat - world
światła drogowe - traffic lights
światło - light
świecić - to shine
ta - that (feminine), this (feminine)

tak - like this, so, yes
taksówka - taxi
talerz - plate
tam - there (direction), there (place)
tamto - that
tata - Dad
te - these (plural)
teatr - theater
technologia - technology
telefon - phone
telefoniczny - telephone (adj.)
telewizor - tv-set
ten - this (masculine)
teraz - now
też, także - also, too
to - this
toaleta, ubikacja - bathroom
toaletowy - toilet, bathroom (adj.)
torba, torebka - purse, bag
toster - toaster
towarzyski - sociable
transport - transport
trochę - a bit, a few, a little, some
trolejbus - trolleybus
truskawka - strawberry
trwać, zajmować czas - to last, to take (time)
trzeci - third
trzy - three
trzydzieści - thirty
trzynaście - thirteen
trzysta - three hundred
tu, tutaj - here
tulipan - tulip
tunel - tunnel
turysta - tourist
twój - your(s)
ty - you
tydzień - week
tylko - only, just
ubezpieczenie - insurance
ubierać się - to get dressed

ubranie - clothing, robe
uchwyt, rączka - handle
uczeń - student, pupil
uczyć - to teach
uczyć się - to study, to learn
udawać się - to succeed, to go off well
ukraść - to steal
ulica - street
umieć - to be able to, can
umiejętność - skill
umówić się - to arrange, to make an appointment
umywalka - washbasin
uniwersytet - university
urodzić się - to be born
ustalić - to settle
uważnie - carefully, attentively
w domu - at home
w środku, pośrodku - in the middle
w, do - in, into
waga - scales
wagon - wagon, carriage
wakacje - vacation
wana - bathtub
warzywa - vegetable
wasz - your(s) (plural)
wazon - vase
ważyć - to weigh
wchodzić - to enter, to go into
wchodzić na górę - to go up, to ascend, to rise
wcześniej - before, earlier
wejście - entry, entrance
wewnątrz - inside
widelec - fork
widzieć - to see
wieczorem - in the evening
wieczór - evening
wiek - age
wiele - many, a lot
Wielka Brytania - Great Britain
wieźć - to drive, to transport

winda - elevator
winogrona - grape(s)
wisieć - to hang
włączać - to turn on
włącznik - switch
Włoch - Italian (person)
Włochy - Italy
woda - water
wokół, dookoła - around
wolny, swobodny - free
wołać, nazywać - to call, to name
wozić - to drive, to transport
wózek - wagon, cart
wracać - to return
wrzeć - to boil
wskazany - indicated
wskazywać - to indicate
wstać - to get up
wstawać - to get up, to wake up
wszystko - all, everything
wśród - among
wtedy - then
wybierać - to choose
wychodzić - to go out, get out
wyglądać - to look (like)
wygodny - comfortable
wyjaśniać - to explain
wyjeżdżać - to drive out
wyjście - exit
wykładać, układać - to display, to set out
wykładowca, nauczyciel - teacher, instructor
wykształcenie - education
wypełniać - to fill in/out
wypełniony - filled out
wypić - to drink
wypisywać - to write out (a check)
wysoki - high
wysyłać - to send
wzdłuż - along
wziąć - to take (a shower, medicine etc.)
wzornictwo, design - design

z - from, out of, with
z powrotem - back
za - behind, for
zabierać - to pick up, to take away
zachorować, być chorym - to get sick
zaczynać - to start
zadzwonić - to call (by phone)
zajęcia - classes
zajęty - busy
zajmować (miejsce) - to occupy
zakładać - to put on
zamawiać - to order
zanosić, przynosić - to bring, to carry
zapewne, chyba - probably
zapisać - to write (down)
zapisywać - to write down
zaprosić - to invite
zarabiać - to earn
zasada, reguła - rule
zatrudnienie - placement, employment
zawód - profession
zawrzeć umowę - enter into a contract
zawsze - always
ząb - tooth
zbierać - to collect, to gather
zbierać się - to gather together
zbiór, kolekcja - collection
zdecydować - to decide
zdjęcie, fotografia - photograph
zeszyt - notebook, copybook
zęby - teeth
zgadzać się - to agree
zieleń - greenery
zielony - green
ziemia - earth, ground, soil
zlew - sink
zmęczyć się - to get tired
znaczek pocztowy - stamp
znać - to know
znajdować - to find
znajdować się - to be (located)
znakomity - excellent

znaleźć - to find
zostać - to be left, to stay, to become
zrobić - to do (finish)
zupa - soup
zwierzę - animal
zwykle, zazwyczaj - normally, usually
żeby - in order to, so that
żegnać się - to say goodbye
żłobek - nursery
żonaty - married (for men)
żółty - yellow
życie - life
żyć - to live
żyrandol - chandelier
żywność, produkty spożywcze - products, food

Słownik angielsko-polski

a bit, a little, a few, some, any - trochę
a little piece - kawałek, kawałeczek
about - o
accomodation - lokum, mieszkanie
accompany - odprowadzać, towarzyszyć
across from - naprzeciwko
act, to work - działać
active - aktywny
add - dodawać
address - adres
adventure - przygoda
after - po
afterwards, then - potem
age - wiek
agency - biuro
agent - agent, przedstawiciel
agree - zgadzać się
airplane - samolot
airport - lotnisko
aisle (in a store), section - alejka (w sklepie), dział
alcoholic - alkoholowy
all - wszystko
along - wzdłuż
already - już
also, too - też, także
always - zawsze
among - wśród
and - i
animal - zwierzę
announcement, ad - ogłoszenie
answer - odpowiadać
any, some - jakiś
apartment, flat - mieszkanie
apple - jabłko
approach - podchodzić, zbliżać się
approximately - około
area, site - działka, parcela
armchair - fotel
around - wokół, dookoła

arrange, to make an appointment - umówić się
arrive - docierać
ask - prosić, pytać
at, near - koło, obok, przy
at home - w domu
auditorium, class-room - sala, aula
automobile (adj.) - samochodowy
automobile, car - samochód, auto
back - z powrotem
baggage - bagaż
banana - banan
bank - bank
bank (adj) - bankowy
bar - bar
basket - kosz
basketball - koszykówka
bathroom - łazienka, toaleta, ubikacja
bathtub - wana
be - być
be (located) - znajdować się
be able to, can - móc, umieć
be born - urodzić się
be enough - starczać
be left, to stay - zostać
be necessary, to need to - potrzebować
be sick - być chorym
be sold - sprzedawać się
beach - plaża
because - bo, ponieważ
become - zostać
bed - łóżko
before, earlier - wcześniej
beginning - początek
behind, for - za
beige - beżowy
bell, ring - dzwonek
better - lepiej
between - między
big - duży
bill - rachunek

biology - biologia
bird - ptak
black - czarny
blender - blender
blue - niebieski
board - deska
boil, to brew - parzyć (herbatę), wrzeć
book - książka
book (adj.) - książkowy
bookcase - regał
bottle - butelka
boulevard - bulwar
box - skrzynka
bread - chleb
breadroll, bun - bułka, bułeczka
break - przerwa
breakfast - śniadanie
bridge - most
bright - jasno
bring, to carry - zanosić, przynosić
brother - brat
brown - brązowy
brush - szczotka
Brussels - Bruksela
burn - palić się, płonąć
bus - autobus
bus (adj.) - autobusowy
busy - zajęty
but - ale
buy - kupić, kupować
cabbage - kapusta
cafe - kawiarnia
call (by phone) - zadzwonić
call, to name - wołać, nazywać
calm(ly) - spokojnie
car service - autoserwis, serwis samochodowy
careful - staranny
carefully, attentively - uważnie
carpet - dywan
carrot(s) - marchew
carry - nieść
cash - gotówka
cashier, teller - kasjer

cat - kot
ceiling - sufit
center - centrum
central - centralny
chair - krzesło
chalk - kreda
chandelier - żyrandol
check - rachunek
checkout, cash register - kasa
cheese - ser
chicken - kura, kurczak
chickens - kury, kurczaki
child - dziecko
children's (adj.) - dziecięcy
chips - chipsy
choose - wybierać
cinema, movie theater - kino
city - miasto
classes - lekcja, zajęcia
clean - czysty
clean (v), tidy up - czyścić, sprzątać
clinic - klinika
clothing, robe - ubranie
club - klub
coffee - kawa
coffee table - stolik (do kawy)
coffeemaker - ekspres do kawy
cold - chłodno, chłodny, zimno, zimny
collect, to gather - zbierać
collection - zbiór, kolekcja
color - kolor, barwa
comedy - komedia
comfortable - wygodny
commercial, advertisement - reklama
computer - komputer
consultant - doradca
continue - kontynuować
cookie - ciastko, ciasteczko
corner - kąt
cost - kosztować
country - kraj
cozily - przytulnie
cozy, comfortable - przytulny
cry - płakać

cucumber - ogórek
cup - kubek, filiżanka
cupboard - szafa
cut - ciąć
cut off - obciąć
Dad - tata
dairy, milk (adj.) - mleczny, nabiałowy
dark - ciemno
data, information - dane
day - dzień
dean's office - dziekanat
decide - postanawiać, decydować, zdecydować
decision - decyzja, wybór
dentist - dentysta
design - wzornictwo, design
dessert - deser
detective - detektyw
different, various - różny
dining room - jadalnia
direction - kierunek
dirty - brudny
discuss - omawiać, rozmawiać o czymś
dish - danie
dishes - naczynia
display, to set out - wykładać, układać
do (finish) - zrobić
doctor, physician - lekarz
dog - pies
door - drzwi
drawer, box - szuflada
drier - suszarka
drink - napój; pić, wypić
drive, to transport - wieźć, wozić
drive out - wyjeżdżać
driver - kierowca
driving license - prawo jazdy
drugstore - apteka
Dutch (adj.) - holenderski, niderlandzki
Dutchman - Holender
earn - zarabiać
earth, ground, soil - ziemia
eat - jeść
education - wykształcenie

egg - jajko
eight - osiem
eight hundred - osiemset
eighteen - osiemnaście
elevator - winda
employment, job - zatrudnienie
empty - pusty
England - Anglia
English - angielski
Englishwoman - Angielka
enter - wchodzić
enter into a contract - zawrzeć umowę
entry, entrance - wejście
Euro - euro
evening - wieczór
every - każdy
everything - wszystko
excellent - znakomity
exit - wyjście
expensive - drogi
experience - doświadczenie
explain - wyjaśniać
family - rodzina
family (adj.) - rodzinny
far (away) - daleko
father - ojciec
faucet, tap - kran, kurek
feel - czuć
fifteen - piętnaście
fill in/out - wypełniać
filled out - wypełniony
film - film
find - znajdować, znaleźć
fireplace - kominek
first - pierwszy
fish - ryba
five - pięć
flakes, cereal - płatki (śniadaniowe)
flight - lot
floor, storey - podłoga, piętro
flower - kwiat
fly - lecieć
following, next - następny
food - jedzenie

for - dla
fork - widelec
formula - formuł(k)a
forty - czterdzieści
fountain - fontanna
four - cztery
fourth - czwarty
free - wolny, swobodny
free(ly), fluently - biegle
French (adj.) - francuski
Friday - piątek
friend - przyjaciel
from, out of, with - z
from the beginning - od początku
from where - skąd
fruit - owoce
full - pełny
funny - śmieszny
furniture - meble
further - dalej
game - gra
garage - garaż
garden - ogród
gas (adj.) - gazowy
gather together - zbierać się
geography - geografia
German - niemiecki
get (something) - dostać
get, reach - sięgnąć
get acquainted, to learn - poznać
get dressed - ubierać się
get sick - zachorować, być chorym
get tired - zmęczyć się
get treated - być leczonym, leczyć się
get up - wstać, wstawać
girl - dziewczyna
girlfriend - przyjaciółka
give - dać, dawać
give back - oddać
give in, return - oddawać
glass - szklanka
glass (adj.) - szklany, ze szkła
glasses - okulary
go, to walk - iść, pójść
go into - wchodzić
go out, get out - wychodzić
go up, ascend, rise - wchodzić na górę
go/ride away - odjechać
good - dobry
grab - chwytać
grandfather, old man - dziadek
grandmother, old woman - babcia
grape(s) - winogrona
gray - szary
Great Britain - Wielka Brytania
green - zielony
greenery - zieleń
grocery (adj.) - sklep spożywczy
grow - rosnąć
guest - gość
half - połowa
hall, auditorium - korytarz, przedpokój, sala
hamburger - hamburger
hand - ręka
handle - uchwyt, rączka
hang - wisieć
have, own - mieć
have breakfast - jeść śniadanie
have lunch - jeść obiad
have to, must - powinien (this verb has no infinitive in Polish)
he / she / it - on / ona / ono
hello - cześć
help - pomagać
her - ją
here - tu, tutaj
hi - cześć, hej
high - wysoki
highway - autostrada
hill, mountain - góra
him, his - go, jego
history - historia
homeward - do domu
honey - miód
hot - gorąco, gorący
hotel - hotel
hour - godzina

house - dom
house/home (adj.) - domowy
how - jak
how many years - ile lat
how much - ile
I - ja
ice cream - lody
in, into - w, do
in English - po angielsku
in French - po francusku
in front of - naprzeciw
in German - po niemiecku
in order to, so that - żeby
in Spanish - po hiszpańsku
in the evening - wieczorem
in the middle - w środku, pośrodku
indicate - wskazywać
indicated - wskazany
inexpensive - niedrogi
information (adj.), referential (adj.) - informacyjny
inside - wewnątrz
insurance - ubezpieczenie
interesting - ciekawie, ciekawy
invite - zaprosić
Italian (person) - Włoch
Italy - Włochy
juice - sok
key - klucz
kitchen - kuchnia
kitchen (adj.) - kuchenny
knife - nóż
knock - pukać
know - znać
lake - jezioro
lamp - lampa
landlord, owner - gospodarz, właściciel
language, tongue - język
laptop - laptop
last, take (time) - trwać, zajmować czas
last name - nazwisko
laugh - śmiać się
laundromat, launderette - pralnia
laundry, underwear, linen - bielizna

lawyer - prawnik
lead, to drive - prowadzić
leather (adj.) - skórzany, ze skóry
lemon - cytryna
librarian - bibliotekarz
library - biblioteka
lie - leżeć
life - życie
light - światło
light (adj.) - lekki, jasny
like, to appeal - podobać się
like this, so - tak
line, queue - kolejka
listen to - słuchać
liter - litr
little, few - mało, niewiele
little rug, mat - dywanik
live - żyć
living room - duży pokój
loader - ładowacz
London (adj.) - londyński
long, for a long time - długo
look (like) - wyglądać
love - kochać; miłość
lunch - obiad
machine - maszyna
magazine - czasopismo
make - robić
male - męski
man - mężczyzna
manager, head - szef
many, a lot - wiele
map - mapa
married (for men) - żonaty
maybe - być może
meat (adj.) - mięsny
mechanic - mechanik
meet - spotkać
memorial, monument - pomnik
metal (adj.) - metalowy, z metalu
metro, subway - metro
microwave - mikrofalówka
milk - mleko
minibus - minibus, busik

minute - minuta
mirror - lustro
mixer - mikser
Mom - mama
money - pieniądze
month - miesiąc
more, still - jeszcze
morning - rano, ranek
motorcycle, motorbike - motor, motocykl
move - ruszać się
move (to change address) - przeprowadać się
museum - muzeum
mushroom - grzyb
my - mój, moja
name - imię
napkin - serwetka
Naples - Neapol
national - narodowy
nationality - narodowość
near - koło, obok, około, przy
necessary - potrzebny, niezbędny
neighbor - sąsiad
never - nigdy
new - nowy
newspaper - gazeta
newsstand - kiosk
next to, near - koło, obok, przy
nine - dziewięć
nineteen - dziewiętnaście
no; there isn't, there aren't - nie; nie ma
noisily - głośno
noisy - głośny
normally, usually - zwykle, zazwyczaj
not - nie
not big - nieduży
not far - niedaleko
not long ago, recently - niedawno
not new - nienowy
not tall - niewysoki
notebook, copybook - zeszyt
nourish - odżywiać
now - teraz

number - numer
nursery - żłobek
occupy - zajmować (miejsce)
ocean - ocean
of course - oczywiście
office - biuro, sala, pokój
often - często
old - stary
older - starszy
on - na
on foot - pieszo
on the left - po lewej (stronie)
on the right - po prawej (stronie)
on top of, over, above - nad
one - jeden
one and a half - półtora
only, just - tylko
open - otwierać
or - albo, lub
orange - pomarańcza
orange (adj.) - pomarańczowy
order - zamawiać
other - inny
our(s) - nasz
outside - na zewnątrz
over, along - po, wzdłuż
package - paczka
packet - opakowanie
page - strona
pair - para
paper - papier
parents - rodzice
park - park
part-time job - praca na część etatu
pass - mijać, upływać
passage; fare - przejazd
passport - paszport
past, near - obok
pasta - makaron, kluski
pay - płacić
peace; world - pokój; świat
peach - brzoskwinia
pencil - ołówek
people - ludzie

person - człowiek
personal - osobowy
phone - telefon
photograph - zdjęcie, fotografia
physical work - fizyczna praca
physics - fizyka
pick up, to take away - zabierać
picture - obraz(ek)
piece - sztuka
pillow - poduszka
pineapple - ananas
pizza - pizza
place - miejsce
placement, employment - zatrudnienie
plastic (adj.) - plastikowy, z plastiku
plate - talerz
play - grać, bawić się
police - policja
policeman - policjant
polyethylene, plastic (adj.) - polietylenowy, foliowy
possible - można
post office - poczta
pour (something fluid) - nalewać
pour (something loose) - nasypać, sypać
prepare, to cook - przyrządzać
prepare oneself - przygotowywać się
pretty, beautiful - piękny, ładny
price - cena
probably - zapewne, chyba
products, food - żywność, produkty spożywcze
profession - zawód
professional - profesjonalny, zawodowy
promise - obiecać
purple - purpurowy
purse, bag - torba, torebka
put - kłaść
put (down) - położyć
put (vertically) - stawiać
put on - zakładać
questionnaire - formularz, kwestionariusz
quickly - szybko

quiet - cichy
quietly - cicho
rack, stand - stojak
radio - radio
rain - deszcz
raw - surowy
reach - sięgać
read - czytać
ready, prepared - gotowy
real estate - nieruchomość
red - czerwony
refrigerator - lodówka
refuse - odmawiać, odrzucić
renovation, repairs - remont
rest, to relax - odpoczywać
restaurant - restauracja
return - wracać
rice - ryż
ride, to go - jeździć
ride, to drive - jechać
right away - od razu, natychmiast, z góry
rights - prawa
river - rzeka
road, path, way - droga
roof - dach
room - pokój
rose - róża
round - okrągły
rule - zasada, reguła
ruler - linijka
run - biegać
salmon - łosoś
sandwich - kanapka
Saturday - sobota
saucepan - garnek
sausage - kiełbasa
say goodbye - żegnać się
scales - waga
scan - skanować
scary - straszny, groźny
school - szkoła
sea - morze
search, to look for - szukać
second - drugi

see - widzieć
sell - sprzedawać
send - wysyłać
settle - ustalić
seven - siedem
Shakespeare - Szekspir
shelf - półka
shine - świecić
ship - statek
shore - brzeg
show - pokazać
shower - prysznic
sidewalk - chodnik
single, with space for one person - jednoosobowy, pojedynczy
sink - zlew
sister - siostra
sit - siedzieć
sit down - siadać
sitting - siedzący
six - sześć
skill - umiejętność
sleep (adj.) - sypialny
small - mały
so, because of this - dlatego
soap - mydło
soccer - piłka nożna
soccer (adj.) - piłkarski, futbolowy
soccer player - piłkarz
sociable - towarzyski
sofa, couch - kanapa
soft - miękki
someone - ktoś
someone's (own) - swój
something - coś
sometime, some day - kiedyś
sometimes - czasami
soon - niedługo
soup - zupa
sour cream - śmietana
spacious - przestronny
Spaniard - Hiszpan
speak - mówić
spend (time) - spędzać czas

spoon - łyżka, łyżeczka
square - plac
staircase - klatka schodowa
stamp - znaczek pocztowy
stand - stać
start - zaczynać
station - dworzec
status - stan
steal - ukraść
step - schodek
stop - przystanek
store, shop - sklep
stove - kuchenka
straight - prosto, na wprost
strawberry - truskawka
street - ulica
student, pupil - uczeń
study, to learn - uczyć się
subject, thing - przedmiot
suburb - przedmieście
succeed, to go off well - udawać się
sugar - cukier
suggest, to offer - oferować, proponować
suggestion - propozycja
suitable, fitting - odpowiedni
sun - słońce
Sunday - niedziela
supermarket - supermarket
sweet - słodki
swim - pływać
switch - włącznik
synopsis, outline - streszczenie
table - stół
tablecloth - obrus
take - brać, wziąć
take a walk - spacerować
take photos/pictures - fotografować, robić zdjęcia
talk, to chat - rozmawiać, gadać
tasty, delicious - smaczny, pyszny
taxi - taksówka
tea - herbata
teach - uczyć

teacher, instructor - wykładowca, nauczyciel
teapot - czajnik
technology - technologia
teeth - zęby
telephone (adj.) - telefoniczny
tell, to say - opowiedzieć, powiedzieć
ten - dziesięć
test - egzamin, sprawdzian
textbook - podręcznik
thanks - dziękuję
that - tamto
that (feminine) - ta
theater - teatr
them, their(s) - ich
then, later - potem, wtedy
there (direction and place) - tam
there is, there are - jest
these (plural) - te
they - oni
thing - rzecz, przedmiot
think - myśleć
third - trzeci
thirteen - trzynaście
thirty - trzydzieści
this - to
this (feminine) - ta
this (masculine) - ten
three - trzy
three hundred - trzysta
through, in (time) - przez
ticket - bilet
time - czas
time(s) (one time, two times etc.) - raz (jeden raz, dwa razy itd.)
toaster - toster
today - dzisiaj, dziś
together - razem
toilet (bowl) - sedes
toilet, bathroom (adj.) - toaletowy
tomato - pomidor
tomorrow - jutro
tooth - ząb
tourist - turysta
towel - ręcznik
traffic jam - korek
traffic lights - światła drogowe
train - pociąg
trample - deptać
transport - transport
trash, garbage - śmieci
travel - podróżować
treatment - leczenie
tree - drzewo
trolleybus - trolejbus
tulip - tulipan
tunnel - tunel
turn on - włączać
tv-set - telewizor
twelfth - dwunasty
twelve - dwanaście
twenty - dwadzieścia
two - dwa
under - pod
university - uniwersytet
university student - student
until, to - do, ku
us - nas
vacation - wakacje
value, price - cena, koszt
vase - wazon
vegetable - warzywa
very - bardzo
wagon, carriage, cart - wagon, wózek
wait - czekać
waiter - kelner
wake up - wstawać
walk, to go - chodzić
wall - ściana
wallet - portmonetka
want - chcieć
wardrobe - szafka
warm - ciepły
warm (up) - grzać
wash, to clean - myć, prać
wash oneself - myć się
washbasin - umywalka
washing - mycie

watch - oglądać, patrzeć
water - woda
we - my
weather - pogoda
week - tydzień
weigh - ważyć
well - dobrze
what - co
when - kiedy
where - gdzie
where to - dokąd
whether, if - czy
which, what - który, jaki
while, however - jednak
white - biały
who - kto
whole (feminine) - cała
whose - czyj
why - dlaczego
window - okno
wish, to desire - chcieć, pragnąć

with - z
without - bez
without speaking, silently - milcząco, w ciszy, po cichu
woman - kobieta
wooden - drewniany, z drewna
work - praca; pracować
work (adj.) - roboczy
work hard - starać się
worker - robotnik, pracownik
write - pisać
write (down) - zapisać, zapisywać
write out (a check) - wypisywać
writer (fem.) - pisarka
year - rok
years - lat
yellow - żółty
yes - tak
you - ty
your(s) - twój, wasz

Appendix 1 Cases of singular nouns and adjectives

Masculine

Case / Questions

Mianownik / Nominative / Kto? Co? / Ten **człowiek** jest dobry. *This man is good.*

Dopełniacz / Genitive / Kogo? Czego? / Tutaj jest paszport tego dobrego **człowieka**. *Here is the passport of this good man.*

Celownik / Dative / Komu? Czemu? / Dajcie trochę wody temu dobremu **człowiekowi**. *Give some water to this good man.*

Biernik / Accusative / Kogo? Co? / Znam tego dobrego **człowieka**. *I know this good man.*

Narzędnik / Instrumental / (Z) kim? (Z) czym? / Przyjaźnię się z tym dobrym **człowiekiem**. *I am friends with this good man.*

Miejscownik / Locative / O kim? O czym? / Słyszałem o tym dobrym **człowieku**. *I have heard about this good man.*

Wołacz / Vocative / O! / Hej, dobry **człowieku**, poczekaj! *Hey, good man, wait!*

Feminine

Case / Questions

Mianownik / Nominative / Kto? Co? / Ta **kobieta** jest dobra. *This woman is good.*

Dopełniacz / Genitive / Kogo? Czego? / Tutaj jest paszport tej dobrej **kobiety**. *Here is the passport of this good woman.*

Celownik / Dative / Komu? Czemu? /Dajcie trochę wody tej dobrej **kobiecie**. *Give some water to this good woman.*

Biernik / Accusative / Kogo? Co? / Znam tę dobrą **kobietę**. *I know this good woman.*

Narzędnik / Instrumental / (Z) kim? (Z) czym? / Przyjaźnię się z tą dobrą **kobietą**. *I am friends with this good woman.*

Miejscownik / Locative / O kim? O czym? / Słyszałem o tej dobrej **kobiecie**. *I have heard about this good woman.*

Wołacz / Vocative / O! / Hej, dobra **kobieto**, poczekaj! *Hey, good woman, wait!*

Neuter

Case / Questions

Mianownik / Nominative / Kto? Co? / To **dziecko** jest piękne. *This baby is beautiful.*

Dopełniacz / Genitive / Kogo? Czego? / Tutaj jest matka tego pięknego **dziecka**. *Here is the mother of this beautiful baby.*

Celownik / Dative / Komu? Czemu? / Daj zabawkę temu pięknemu **dziecku**. *Give the toy to this beautiful baby.*

Biernik / Accusative / Kogo? Co? / Widziałem to piękne **dziecko**. *I have seen this beautiful baby.*

Narzędnik / Instrumental / (Z) kim? (Z) czym? / Przyjaźnię się z tym pięknym **dzieckiem**. *I am friends with this beautiful baby.*

Miejscownik / Locative / O kim? O czym? / Słyszałem o tym pięknym **dziecku**. *I heard about this beautiful baby.*

Wołacz / Vocative / O! / Hej, piękne **dziecko**, popatrz na mnie! *Hey, beautiful baby, look at me!*

Appendix 2 Demonstrative pronoun Ten – this

Gender: SINGULAR: Masculine / Feminine / Neuter / PLURAL: Masculine / Non - masculine

Nominative Case: Ten / Ta / To / Ci / Te

Accusative Case *animate:* Tego / Tę / To / Tych / Te

Accusative Case *inanimate:* Ten / Tę / To / Te / Te

Genitive Case: Tego / Tej / Tego / Tych / Tych

Dative Case: Temu / Tej / Temu / Tym / Tym

Instrumental Case: Tym / Tą / Tym / Tymi / Tymi

Locative Case: Tym / Tej / Tym / Tych / Tych

Appendix 3 Cases of plural nouns and adjectives

Masculine

Case / Questions

Mianownik / Nominative / Kto? Co? / Ci **studenci** są dobrzy. These students are good.

Dopełniacz / Genitive / Kogo? Czego? / Tutaj są paszporty tych dobrych **studentów**. Here are these good students' passports.

Celownik / Dative / Komu? Czemu? / Dajcie trochę wody tym dobrym **studentom**. Give some water to these good students.

Biernik / Accusative / Kogo? Co? / Znam tych dobrych **studentów**. I know these good students.

Narzędnik / Instrumental / (Z) kim? (Z) czym? / Przyjaźnię się z tymi dobrymi **studentami**. I am friends with these good students.

Miejscownik / Locative / O kim? O czym? / Słyszałem o tych dobrych **studentach**. I have heard about these good students.

Wołacz / Vocative / O! / Hej, dobrzy **studenci**, poczekajcie! *Hey, good students, wait!*

Feminine

Case / Questions

Mianownik / Nominative / Kto? Co? / Te **kobiety** są dobre. *These women are good.*

Dopełniacz / Genitive / Kogo? Czego? / Tytaj są paszporty tych dobrych **kobiet**. *Here are these good women's passports.*

Celownik / Dative / Komu? Czemu? / Dajcie trochę wody tym dobrym **kobietom**. *Give some water to these good women.*

Biernik / Accusative / Kogo? Co? / Znam te dobre **kobiety**. *I know these good women.*

Narzędnik / Instrumental / (Z) kim? (Z) czym? / Przyjaźnię się z tymi dobrymi **kobietami**. *I am friends with these good women.*

Miejscownik / Locative / O kim? O czym? / Słyszałem o tych dobrych **kobietach**. *I have heard about these good women.*

Wołacz / Vocative / O! / Hej, dobre **kobiety**, poczekajcie!

Neuter

Case / Questions

Mianownik / Nominative / Kto? Co? / Te **dzieci** są piękne. *These babies are beautiful.*

Dopełniacz / Genitive / Kogo? Czego? / Tutaj jest matka tych pięknych **dzieci**. *Here is the mother of these beautiful babies.*

Celownik / Dative / Komu? Czemu? / Daj zabawkę tym pięknym **dzieciom**. *Give the toy to this beautiful babies.*

Biernik / Accusative / Kogo? Co? / Widziałem te piękne **dzieci**. *I have seen these beautiful babies.*

Narzędnik / Instrumental / (Z) kim? (Z) czym? / Przyjaźnię się z tymi pięknymi **dziećmi**. *I am friends with these beautiful babies.*

Miejscownik / Locative / O kim? O czym? / Słyszałem o tych pięknych **dzieciach**. *I heard about these beautiful babies.*

Wołacz / Vocative / O! / Hej, piękne **dzieci**, popatrzcie na mnie! *Hey, beautiful babies, look at me!*

Appendix 4 Demonstrative pronoun Tamten – that

Gender: SINGULAR: Masculine / Feminine / Neuter / PLURAL: Masculine / Non - masculine

Nominative Case: Tamten / Tamta / Tamto / Tamci / Tamte

Accusative Case *animate:* Tamtego / Tamtą / Tamto / Tamtych / Tamte

Accusative Case *inanimate:* Tamten / Tamtą / Tamto / Tamte / Tamte

Genitive Case: Tamtego / Tamtej / Tamtego / Tamtych / Tamtych

Dative Case: Tamtemu / Tamtej / Tamtemu / Tamtym / Tamtym

Instrumental Case: Tamtym / Tamtą / Tamtym / Tamtymi / Tamtymi

Locative Case: Tamtym / Tamtej / Tamtym / Tamtych / Tamtych

Appendix 5 Past Tense

In English there are quite a number of different past tenses, but in Polish there is simply one. Instead Polish uses the concept of aspects to indicate whether an action is completed or not.

In the past tense you have to look at the person and gender of the subject. You need to take the stem of the verb (to work – pracować: **pracowa-**; to sleep – spać: **spa-**) and add one of the following endings:

Masculine Singular:

1st Person –łem: pracowałem (I worked) Wczoraj **pracowałem**. *I worked yesterday.*

2nd Person –łeś: pracowałeś (you worked) Wczoraj **pracowałeś**. *You worked yesterday.*

3rd Person –ł: pracował (he worked) Wczoraj **pracował**. *He worked yesterday.*

Feminine Singular:

1st Person –łam: pracowałam (I worked) **Pracowałam** w piątek. *I worked on Friday.*

2nd Person –łaś: pracowałaś (you worked) **Pracowałaś** w piątek. *You worked on Friday.*

3rd Person –ła: pracowała (she worked) **Pracowała** w piątek. *She worked on Friday.*

Neuter Singular:

3rd Person –ło: spało (it slept) Dziecko **spało**. *The baby slept.*

Masculine Plural:

1st Person –liśmy: pracowaliśmy (we worked) Wczoraj **pracowaliśmy**. *We worked yesterday.*

2nd Person –liście: pracowaliście (You worked) Wczoraj **pracowaliście**. *You worked yesterday.*

3rd Person –li: pracowali (they worked) Wczoraj **pracowali**. *They worked yesterday.*

Feminine Plural:

1st Person –łyśmy: pracowałyśmy (We worked) **Pracowałyśmy** w piątek. *We worked on Friday.*

2nd Person –łyście: pracowałyście (You worked) **Pracowałyście** w piątek. *You worked on Friday.*

3rd Person –ły: pracowały (They worked) **Pracowały** w piątek. *They worked on Friday.*

1* verbs ending in –eć: to have – mieć: mia-

2* Attention to many irregular stems!

Appendix 6 Prefixed verbs of motion

Imperfective / Perfective

wchodzić / wejść *to go in, to enter*

wychodzić / wyjść *to go out, to leave, to exit*

wchodzić / wejść *to go up, to come in*

dochodzić / dojść *to get to, to get as far as, to reach*

zachodzić / zajść *to drop in, to stop by*

obchodzić / obejść *to walk around, to bypass*

odchodzić / odejść *to walk away*

przechodzić / przejść *to go across, to turn*

podchodzić / podejść *to approach*

przychodzić / przyjść *to arrive, to come*

przechodzić / przejść *to go by, to go past*

schodzić / zejść *to go down, descend, to get off*

uchodzić / ujść *to escape, to get away*

Appendix 7 Conjugated Verbs

Imperfective / Perfective / Translation

biegać / pobiec *run*

wędrować / powędrować *stroll*

być / zostać *be / become*

widzieć / zobaczyć *see*

wieźć / zawieźć *transport, carry (by vehicle)*

mówić / powiedzieć *speak, talk, say*

jeździć / pojechać *drive*

dawać / dać *give*

robić / zrobić *do, make*

myśleć / pomyśleć *think*

jechać / pojechać *go (by vehicle)*

jeść / zjeść *eat*

żyć / przeżyć *live*

wiedzieć / dowiedzieć się *know*

uczyć się / nauczyć się *study*

mieć *have*

wspinać się / wspiąć się *climb*

latać / polecieć *fly*

kochać / pokochać *love*

móc *can, able (to be able)*

nosić *carry, wear*

pływać / popłynąć *swim*

czołgać się *crawl*

rozumieć / zrozumieć *understand*

siadać / usiąść *sit*

słuchać / wysłuchać *listen (to somebody)*

patrzeć / popatrzeć *watch, look at*

pytać / zapytać *ask*

stawać się / stać się *become, begin*

stać / wstać *stand*

ciągnąć / pociągnąć *pull, drag*

chodzić / pójść *go (on foot)*

chcieć *want, feel like*

czytać / przeczytać *read*

Appendix 8 Personal pronouns

Singular

1st person / 2nd person / 3rd person (masc.) / 3rd person (fem.) / 3rd person (neut.)

English: I, Me / You / He, Him / She, Her / It

Nominative Case: Ja / Ty / On / Ona / Ono

Accusative Case: Mnie / Ciebie, Cię / Jego, Go, Niego / Ją, Nią / Je, Nie

Genitive Case: Mnie / Ciebie, Cię / Jego, Go, Niego / Ją, Nią / Jego, Go, Niego

Dative Case: Mnie, Mi / Tobie, Ci / Jemu, Mu, Niemu / Jej, Niej / Jemu, Mu, Niemu

Instrumental Case: Mną / Tobą / Nim / Nią / Nim

Locative Case: Mnie / Tobie / Nim / Niej / Nim

Plural

1st person / 2nd person / 3rd person (masc.) / 3rd person (non-masc.)

English: We, Us / You / They, Them

Nominative Case: My / Wy / Oni / One

Accusative Case: Nas / Was / Ich, Nich / Je, Nie

Genitive Case: Nas / Was / Ich, Nich / Ich, Nich

Dative Case: Nam / Wam / Im, Nim / Im, Nim

Instrumental Case: Nami / Wami / Nimi / Nimi

Locative Case: Nas / Was / Nich / Nich

Appendix 9 Possessive pronouns

English: My, Mine

1st Person

Masc. / Fem. / Neut. / Plural Masc / Plural Non-masc

Nominative Case: Mój / Moja, Ma / Moje, Me / Moi / Moje, Me

Accusative Case *animate*: Mojego, Mego / Moją, Mą / Moje, Me / Moich, Mych / Moje, Me

Accusative Case *inanimate*: Mój / Moją, Mą / Moje, Me / Moje, Me / Moje, Me

Genitive Case: Mojego, Mego / Mojej, Mej / Mojego, Mego / Moich, Mych / Moich, Mych

Dative Case: Mojemu, Memu / Mojej, Mej / Mojemu, Memu / Moim, Mym / Moim, Mym

Instrumental Case: Moim, Mym / Moją, Mą / Moim, Mym / Moimi, Mymi / Moimi, Mymi

Locative Case: Moim, Mym / Mojej, Mej / Moim, Mym / Moich, Mych / Moich, Mych

English: Your, Yours

2nd Person

Masc. / Fem. / Neut. / Plural Masc / Plural Non-masc

Nominative Case: Twój / Twoja, Twa / Twoje, Twe / Twoi / Twoje, Twe

Accusative Case *animate*: Twojego, Twego / Twoją, Twą / Twoje, Twe / Twoich, Twych / Twoje, Twe

Accusative Case *inanimate*: Twój / Twoją, Twą / Twoje, Twe / Twoje, Twe / Twoje, Twe

Genitive Case: Twojego, Twego / Twojej, Twej / Twojego, Twego / Twoich, Twych / Twoich, Twych

Dative Case: Twojemu, Twemu / Twojej, Twej / Twojemu, Twemu / Twoim, Twym / Twoim, Twym

Instrumental Case: Twoim, Twym / Twoją, Twą / Twoim, Twym / Twoimi, Twymi / Twoimi, Twymi

Locative Case: Twoim, Twym / Twojej, Twej / Twoim, Twym / Twoich, Twych / Twoich, Twych

English: Our

1st Person

Masc. / Fem. / Neut. / Plural Masc / Plural Non-masc

Nominative Case: Nasz / Nasza / Nasze / Nasi / Nasze

Accusative Case *animate*: Naszego / Naszą / Nasze / Naszych / Nasze

Accusative Case *inanimate*: Nasz / Naszą / Nasze / Nasze / Nasze

Genitive Case: Naszego / Naszej / Naszego / Naszych / Naszych

Dative Case: Naszemu / Naszej / Naszemu / Naszym / Naszym

Instrumental Case: Naszym / Naszą / Naszym / Naszymi / Naszymi

Locative Case: Naszym / Naszej / Naszym / Naszych / Naszych

English: Your, Yours

2nd Person

Masc. / Fem. / Neut. / Plural Masc / Plural Non-masc

Nominative Case: Wasz / Wasza / Wasze / Wasi / Wasze

Accusative Case *animate*: Waszego / Waszą / Wasze / Waszych / Wasze

Accusative Case *inanimate*: Wasz / Waszą / Wasze / Wasze / Wasze

Genitive Case: Waszego / Waszej / Waszego / Waszych / Waszych

Dative Case: Waszemu / Waszej / Waszemu / Waszym / Waszym

Instrumental Case: Waszym / Waszą / Waszym / Waszymi / Waszymi

Locative Case: Waszym / Waszej / Waszym / Waszych / Waszych

Appendix 10 The 3rd person possessive pronouns

The 3rd person possessive pronouns (jego - his, jej - her, jego - its, ich - their) take the gender and the quantity of the possessing person/object:

Jej książka - *Her book.*

Jego książka - *His book.*

Ich książki - *Their books.*

Appendix 11 Personal reflexive pronoun Się, Siebie (-self)

English: Myself, himself, herself

Nominative Case: --

Accusative Case: Siebie, Się

Genitive Case: Siebie, Się

Dative Case: Sobie

Instrumental Case: Sobą

Locative Case: Sobie

Appendix 12 Reflexive possessive pronoun Swój

English: My own, his own, her own

Masc. / Fem. / Neut. / Plural Masc / Plural Non-masc

Nominative Case: Swój / Swoja, Swa / Swoje, Swe / Swoi / Swoje, Swe

Accusative Case *animate*: Swojego, Swego / Swoją, Swą / Swoje, Swe / Swoich, Swych / Swoje, Swe

Accusative Case *inanimate*: Swój / Swoją, Swą / Swoje, Swe / Swoje, Swe / Swoje, Swe

Genitive Case: Swojego, Swego / Swojej, Swej / Swojego, Swego / Swoich, Swych / Swoich, Swych

Dative Case: Swojemu, Swemu / Swojej, Swej / Swojemu, Swemu / Swoim, Swym / Swoim, Swym

Instrumental Case: Swoim, Swym / Swoją, Swą / Swoim, Swym / Swoimi, Swymi / Swoimi, Swymi

Locative Case: Swoim, Swym / Swojej, Swej / Swoim, Swym / Swoich, Swych / Swoich, Swych

Appendix 13 Pronoun Sam

English: Myself, himself, herself

Masc. / Fem. / Neut. / Plural Masc / Plural Non-masc

Nominative Case: Sam / Sama / Samo / Sami / Same

Accusative Case *animate*: Samego / Samą / Samo / Samych / Same

Accusative Case *inanimate*: Sam / Samą / Samo / Same / Same
Genitive Case: Samego / Samej / Samego / Samych / Samych
Dative Case: Samemu / Samej / Samemu / Samym / Samym
Instrumental Case: Samym / Samą / Samym / Samymi / Samymi
Locative Case: Samym / Samej / Samym / Samych / Samych

Appendix 14 Pronouns Każdy, Wszyscy

English: Every, All,

Masc. / Fem. / Neut. / Plural Masc / Plural Non-masc

Nominative Case: Każdy / Każda / Każde / Wszyscy / Wszystkie
Accusative Case *animate*: Każdego / Każdą / Każde / Wszystkich / Wszystkie
Accusative Case *inanimate*: Każdy / Każdą / Każde / Wszystkie / Wszystkie
Genitive Case: Każdego / Każdej / Każdego / Wszystkich / Wszystkich
Dative Case: Każdemu / Każdej / Każdemu / Wszystkim / Wszystkim
Instrumental Case: Każdym / Każdą / Każdym / Wszystkimi / Wszystkimi
Locative Case: Każdym / Każdej / Każdym / Wszystkich / Wszystkich

Appendix 15 Common adjectives (Masc. Sing.)

alive - żywy	dry - suchy	huge - ogromny
attentive - uważny	easy - łatwy	important - ważny
bad - zły	empty - pusty	interesting - interesujący
beautiful - piękny	far - daleki	kind - uprzejmy
big - duży	fast - szybki	last - ostatni
boring - nudny	fat - gruby	loud - głośny
bright - jasny	favorite - ulubiony	main - główny
cheap - tani	first - pierwszy	necessary - potrzebny
clean - czysty	frequent - częsty	new - nowy
cold - zimny	frightening - straszny	old - stary
comfortable - wygodny	full - pełny	only, unique - jedyny
dark - ciemny	good, nice - dobry	peaceful - spokojny
dear, expensive - drogi	great - wielki	personal - osobisty
dense, thick - gęsty	happy - szczęśliwy	pleasant - przyjemny
different - inny	hard, firm - twardy	powerful - silny
difficult - trudny	heavy - ciężki	prepared, ready - gotowy
dirty - brudny	hot - gorący	private - prywatny

rapid, quick - szybki	slow - powolny	sweet - słodki
respected - szanowany	small - mały	tall, high - wysoki
sad - smutny	soft - miękki	usual - zwyczajny
sharp - ostry	strange – dziwny	warm - ciepły
similar, alike - podobny	strict – surowy	young – młody
simple - prosty	strong - silny	

Recommended reading

First Polish Reader for Beginners
Bilingual for Speakers of English
Elementary and Pre-intermediate (A2 B1)

The book consists of Elementary and Pre-intermediate courses with parallel Polish-English texts. There are simple and funny Polish texts for easy reading. The author maintains learners' motivation with funny stories about real life situations such as meeting people, studying, job searches, working etc. The ALARM method utilize natural human ability to remember words used in texts repeatedly and systematically. The author composed each sentence using only words explained in previous chapters. The second and the following chapters of the Elementary course have only about thirty new words each. The audio tracks are available inclusive on www.lppbooks.com/Polish/

First Polish Reader Volume 2
Bilingual for Speakers of English
Elementary (A2)

This book is Volume 2 of First Polish Reader for Beginners. There are simple and funny Polish texts for easy reading. The book consists of Elementary course with parallel Polish-English translation. The ALARM method utilize natural human ability to remember words used in texts repeatedly and systematically. The audio tracks are available inclusive on www.lppbooks.com/Polish/

First Polish Reader Volume 3
Bilingual for Speakers of English
Elementary (A2)

This book is Volume 3 of First Polish Reader for Beginners. There are simple and funny Polish texts for easy reading. The book consists of Elementary course with parallel Polish-English texts. The ALARM method utilize natural human ability to remember words used in texts repeatedly and systematically. The audio tracks are available inclusive on www.lppbooks.com/Polish/

Second Polish Reader
Bilingual for Speakers of English
Elementary (A2)

A private detective is following the girl he is in love with. A former air force pilot, he is discovering some sides in the human nature he can't deal with.

This book makes use of the ALARM Method to efficiently teach its reader Polish words, sentences and dialogues. The audio tracks are available inclusive on www.lppbooks.com/Polish/

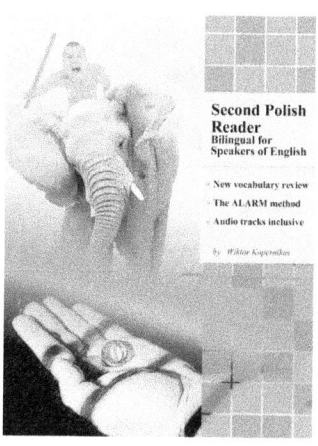

Polish Vocabulary in Use for Beginners
Bilingual for Speakers of English
Beginner Elementary (A1 A2)

Foreign language students, international travelers, and general readers of foreign language books and periodicals will find quick, easy-to-locate guidance in this vocabulary book. Polish words with their English translations are used within context. They are divided in fifty categories according to practical subject themes. The book's organization makes it very easy to find a related group of words. Vibrant photos and images will help memorization.

Learn Polish Language Through Dialogue
Bilingual for Speakers of English
Beginner Elementary (A1 A2)

The textbook gives you many examples on how questions and answers in Polish dialogue should be formed. It is easy to see the difference between Polish and English using parallel translation. Common questions and answers used in everyday situations are explained simply enough even for beginners. The audio tracks are available inclusive on www.lppbooks.com/Polish/

www.ingramcontent.com/pod-product-compliance
Lightning Source LLC
Chambersburg PA
CBHW080344170426
43194CB00014B/2685